堀江貴文

Takafumi Horie

お金や人脈、学歴はいらない!

情報だけ武器にしろ。

JN231248

ポプラ新書

169

まえがきに代えて　必要なことは誰も教えてくれない。

今、必要なのは資金でも人脈でも学歴でもなく、情報だ。

なぜなら、情報があれば未来を見抜けるから。

情報を持つことで、未来がわかるから。

未来がわかれば、人生を思う存分楽しめる。

でも、この必要な事実は、誰も教えてくれない。

親も学校も会社もメディアも。

「堀江さんは、何で未来のことがわかるんですか？」

最近はこんなことをいわれることが多くなった。

まず根本的なところで、多くの人は「未来」について勘違いしている。

前提として、未来のことは今後起こることの変数が多すぎて方程式が解けない。

たとえ、解けたとしても、解が多すぎて意味がない。

なぜなら、明日突然死んでしまうかもしれないから。


僕が見ている未来は「相対的未来」だ。

つまり僕にとっては現在でも、他の人にとっては未来に見えているだけ。

「絶対的未来」は僕にとっても他の人にとっても、紛れもない「未来」。

たとえば、明日のドル円のレートとかは「絶対的未来」で、「コンビニの未来の姿」は「相対的未来」だ。

為替レートはさまざまな見えてない変数で決まるので、僕もあてずっぽうになるが、コンビニのレジがなくなり、キャッシュレス化して冷凍食品のレベルが上がり格安居酒屋のシェアを食っていくということは、現在でも技術的に可能なことは、情報から知っている。

だから他の人から見たら、僕は「未来を見抜ける」となるのだ。

僕は人より情報を検索し、所持し、処理しているから、「相対的未来」がわかるだけなのに。

僕からすれば、「そんなの普通でしょ！」ということなのだが、未来がわかる！　と驚かれるのだから、多くの人はやっていないし、意識していないのだろう。


よって、本書で出てくる「未来」や「見抜ける未来」とは「相対的未来」のことだ。

そして、「相対的未来」を見抜き、正しく後悔なく、今を生きるためには、情報が必要だ。

情報を持たなければ、人は恐怖に駆られる。

仕事や人生の、将来についての不安や恐怖の大半は「情報不足」が原因だ。

今、「未来」の何かを怖がっているのなら、残念ながら、あなたは「情報弱者」ということ。

情報があれば、不思議とそうした恐怖や不安は消え去っていく。

新しい情報を入手し続けていれば、仕事の先行きや老後の不安なんか克服できる。

僕だって、情報がなければ、何も行動できない。

けれど、自分に必要な情報さえあれば、「未来」を予測することは可能だ。

本書のタイトルは「情報だけ武器にしろ。」だ。

本書では、僕の情報との付き合い方、インプット＆アウトプットの方法、情報についての考え方、意識、スタンスをまとめた。

正直、自分で改めて読んでみても、これが本当に皆さんの役に立つのか疑問だ。

なぜなら、どう見ても魔法のような方法はないし、僕にとっては呼吸するように毎日やっていることだから。

でも、知りたいといってくれる人はいるし、これがきっかけで皆さんの人生が好転し楽しいものになるのだったら、著者として嬉しい。

僕が知っていること、やっていること、やってきたことは、教えることができる。

幸運なことに、現代、そしてこれからの新時代は、情報だけで戦えるし、情報を武器にして、それを正しく活用することで、人生を自由で楽しいものにできる。資金や人脈や学歴はいらない。

情報だけ武器にしろ。今を生きろ。そして未来を自由に！

２０１９年２月　堀江貴文

情報だけ武器にしろ。／目次

第2章 情報を所持することは、未来を見抜くことだ 49

思考停止するな、考えながら動け

第3章 誰でも技術を簡単に学べる時代 107

情報の価値をどう高めるか

本文を読む前に　今の「常識」は、フィクションでしかない。

さて、本文に入る前に、どうしても皆さんに伝えておきたいことがある。

本書は、一言であらわすと、「情報とどう付き合うか」という本だが、これから話す内容をしっかりと意識して読み進めていってほしい。

この意識があるかないかで、本書を読んでいく中で、また読み終えたあとで感じることに大きな差が出てくるはずだ。

僕が主催する新しい高校、「ゼロ高」というものがある（知らない人は、147ページを読んでほしい）。

ゼロ高を通じて若い人に伝えたいのは、「今の『常識』はフィクションでしかない」という事実だ。

大学、終身雇用、就職活動……。これらの「常識」とされる人生の一連のステップは、ある種の「集団的な思い込み」にすぎない。社会全体が思考停止に陥ったまま、「当たり前のこと」として受け止めているだけなのだ。

もちろん、その背景には「皆に暗示にかかってもらおう」と企む人たちが暗躍している。社会全体が「集団的な思い込み」にかかっているほうが都合がよかったり、自分たちに利益誘導ができたりするからだ。

幸い僕は幼少時から、この手の「思い込み」の罠とは無縁で生きてこられた。「自分の頭で考えること」を徹底してきたからだ。

大人には、本当によく怒られた。でも「大人が間違ったことをいっている」「理不尽な理由で叱られている」と冷静に客観視できていたから、うまくスルーしてわが道を歩むことができた。

はっきりと言語化して意識していたわけではないけれど、「大人たちが押しつけてくる『常識』って、嘘だよな」と本能的に見抜いていたのだと思う。

大人になった僕は、そんな幼少時の直感をアカデミックな言語で体系的に解き明かしてくれた本と、出会うことになる。『サピエンス全史　文明の構造と人類の幸福』（ユヴァル・ノア・ハラリ／河出書房新社）だ。

この本が名著であることはいうまでもないが、僕がぼんやりと感じていたことを文章化してくれているから、いろんなところで紹介している。

「集団的な思い込みこそ、社会を動かしてきた」という人間社会の身も蓋もないカラクリを、本書は鮮やかな筆致で浮き彫りにしてくれている。

要は、国家や宗教、貨幣など社会には「ルール」があって、皆その枠の中で生きているが、それらはすべて人間がつくり出した思い込み、フィクションにすぎないのだ。

たとえば、昔は宗教の力が強くて、皆宗教が決める戒律に従って生きてきた。だが、時代が進むにつれて宗教の根拠が危うくなって力を失った。

だから、社会が与えるルールや常識なんていうものは、そのまま受け入れず、いちいち疑ってかからなくてはならない。その都度、自分の考えで判断して、自分なりのベストな道を選択するべきなのだ。

少し硬くなってしまったので、身近なエピソードを挙げる。

僕は子どもの頃から「自分の強みを生かせる『市場』を選ぶ」という思考で過ごしてきた。

だから、勝算がなさそうなら、「決められた土俵」には上がらない。「ルール」を一方的に押しつけられたら、「そもそも、なぜそんなルールを守る必要があるのか」と疑ってかかり、合理性がないならルールの改正を試みる……。

そんな姿勢のおかげで、集団の中で皆と共存しながら、自分自身も快適に過ごせてきた。

たとえば、「小学生が何をして遊ぶか」という問題ひとつとってみても、そこには「集団的な思い込み」がある。

小学生の頃、休み時間になると、なぜだか皆ドッジボールをしたがるのだ。

けれども、さして運動に興味がなかった僕にとって、ドッジボールは苦痛でしかない。活躍もできない。だから、ドッジボールに代わる知的なゲームを見つけてきて、それをクラスの連中に流行らせた。

つまり「押しつけられたルール」は無視して、「決められた土俵」には上がらず、自分が活躍できるような「土俵」を代わりにつくった。

そこにクラスメイトを呼び込み、楽しんでもらったのだ。自分で導入した遊びだから、当然、僕が一番うまいし強い。

その上「こんなゲームを教えてくれた堀江くんって、やっぱりすごい」と皆からリスペクトもされる。いいことしかない。

何より「自分のつくった土俵」で皆に満足してもらい、楽しんでもらったという体験は、強烈に嬉しいものだった。これは後の人生を決定づける、僕の初期の成功体験のひとつだったと思う。

でも、誤解しないでほしい。僕は決して「特別な存在」なんかじゃない。誰でも何歳からでも、きっかけさえあればこんな成功体験を積むことができるはずだ。

だからその信念に従って、「ゼロ高」という「大きな土俵」を用意させてもらった。もちろん、そこでルールを押しつけることなんてしない。それぞれの「土俵探し」をお手伝いしたいと思っている。

「常識」に迎合する必要なんてない。自分の「土俵」を築いて、自分なりの「ルール」をつくればいい。

この意識を持って、情報と接するだけで、あなたが今どんな行動をとればいいかということが自ずとわかるようになっていくはずだ。

「情報」は武器にもなるが、「今ある情報」はフィクションだらけでもある。

これを理解し人生を選択していくだけでも、まったく違った景色が見えることになるのだ。

第1章 情報は「狩り」にいけ！

浴び続ける情報収集術

1 情報は、「狩り」にいくもの

インターネットやスマホなどが社会の仕組みを大きく変えた。知らないうちに、世界中のすごい人たちや頭のいい人たちが（しかし、皆、最初は何者でもない無名な人だ）、新しい技術を開発し、世の中を変えている。あなたはまず、そんな現実に気づくべきだ。

時代に取り残されないためには、どうすればよいのだろうか。また、自分のお金や時間などのリソース（資源）を他者に奪われないためには、どうすればよいのだろうか。

僕は、「情報を高速で取捨選択する力」が、今後ますますカギになると考えている。

有益な情報を効率よく大量にインプットして、自分が望むときに、ベストな形でアウトプットする。そんな姿勢が身についていれば、誰かに騙されたり、いいように使われたり、操られたりせず、どんな未来でも生き抜けるだろう。

第1章ではまず「情報のインプット」について述べていきたい。まるで狩りをするように、どうすれば使える情報を手に入れることができるのか、紹介していく。

まず伝えたいのは「情報とは、自分から積極的に取りにいくもの」という点だ。向こうから舞い込んでくるような情報には、むしろ警戒したほうがよい。

幸運にも、現代では、「情報を手に入れる」ためのツールは揃っている。スマホのニュースアプリを使ってもいい。SNSを駆使して、「興味のある人」「先を行く人」の発信をフォローし続けてもいい。そして、情報をハントする「狩り」が終わったら、次は自分の頭で考え、自分なりの言葉で世界中に発信し、頭の中を整理するクセをつけるのだ。

ネット上のブログや、SNSで、毎日発信を続けよう。それは習慣にしてしまえば、さして難しいことではない。インプット（情報取集）とアウトプット（情報発信）は、常にセットと捉えておくべきだ。

いったいなぜ、そんなことをする必要があるのか。その理由は、ネットがつくりだした「グローバル化」を考えてみれば、よくわかる。

「豊かな日本」が当たり前だった時代は、とうの昔に終わっている。身近なたとえで、説明してみよう。あるとき（少し前の話だ）、北海道の札幌でタイ式のマッサージを受けたことがある。料金は90分6500円。けれども「ポイント割引」で1500円引いてくれて、90分5000円だった。これを本場のタイの価格と比べてみよう。

ほぼ同時期、僕はタイの首都バンコクでマッサージを受けた。そのときは、同じ90分で500バーツ。プラス、揉んでくれた人に200バーツのチップを渡した。つまり合計700バーツだ。これは、当時の日本円に換算すると約

「2500円」になる。

要は、札幌のマッサージ屋の代金と、タイのマッサージ屋の代金は、たった2倍。いい換えると、東南アジアの経済発展が目覚ましいということだ。

実際、彼らの中の高給取りの人たちは、完全に日本人のホワイトカラーの年収を上回っている。富裕層の人たちも多い。バンコクでは、1人当たり5万円の寿司屋が、毎日満員だとも聞く。

時代はすでに激変している。グローバル化とは、そういうことだ。嚙み砕いていうと、個人が「世界レベルで闘う時代」になったということ。そして、その武器となってくれるのが、「情報」なのだ。うかうかしている暇はない。

これから世界中の多くの国に、スマホはくまなく普及するだろう。たとえば、アフリカの山奥の国に、携帯電話の基地局が突然できて、中国の会社がつくったスマホが100ドル以下でばら撒かれるはずだ。当然、現地の優秀な人たちは、スマホ経由でネットにアクセスし、世界最高峰の知を英語ベースで手に入れることになる。

僕たちは、彼らと同じ土俵で、生きていくことになる。当たり前の話だが「努力をしない人たち＝自分で情報を取りにいかない人たち」は取り残されていく。「有名企業に就職しただけの人」「社内での出世競争に勝ち抜いてきただけのスキルゼロの人」は、路頭に迷う可能性が高くなる。大企業ですら倒産や吸収合併の波に呑まれるリスクがあるからだ。

だからこそ、早い段階からグローバル化に気づき、情報を効率よくインプット＆アウトプットするクセがついている人は、強い。

見方を変えると、現代では「権威」や「権力」におもねらずとも、先人の素晴らしい知恵や技術にネット経由で触れられるようになった。自分で「狩猟」できるようになった。それほど素晴らしいことはない。

情報を武器にする方法

新時代で取り残されるのは、間違いなく「自分で情報を取りにいかない人たち」。

2 シャワーのように情報を浴びろ

使える情報を手に入れるには、情報の選択眼を養うことが必要だ。そのためには、「質より量」。前提として「圧倒的な量の情報」のインプットが大切になってくる。

情報を効率よく取り込めるツールがあれば、どんどん取り入れて、使いこなすべきだ。

たとえば便利なアプリやサイトなど、「常用するだけ」で、膨大な時間を節約できるものもある。それらを使いこなせる人と、苦手意識を持っている人の間には「情報格差」が開くばかり。ときには、自分と見解の異なる情報も意図的に取り入れつつ、まるでシャワーを浴びるように、圧倒的な量の情報をインプットしていこう。

極論をいうと、取り入れた情報は、すぐに忘れてもかまわない。本当に大事な情報は脳の片隅で待機してくれている。脳はよくできている。一言一句、丸暗記はできなくても「そういえば、△△について□□さんが面白いことをいっていた」などと、大体の情報のしっぽ（端緒）をドンピシャのタイミングで引っ張り出してきてくれる。必要に迫られたとき、情報の端緒さえ思い出すことができれば、あとは検索するだけでいい。

この話をすると、必ず返ってくる反論がある。「忙しくて無理」「時間がなくて難しい」というバカげた言い訳だ。情報収集のために時間を確保することは、何よりも大事なはず。もちろん「時間の確保」といっても、毎日何時間もとられるわけじゃない。移動中や待ち時間など、スキマ時間にスマホを片手にできることだ。

それなのに言い訳ばかりが先に立つ人は、むしろ「極限の忙しさ」にまで自分を追い込んでみればいい。どれだけ「忙しい、時間がない」といっても、予定を詰め込む余地は、まだあるはずだ。限界まで予定を入れて、やりたいことをやってみると、時間をどう使えばいいのかが浮き彫りになってくる。もしくは、従来の生き方を見直して「やらないこと」を決めるのもいい。心と時間に余裕をつくってから、「情報収集」をするのも手だ。

世の中には「トレードオフ」（一方を追求すれば他方を犠牲にせざるを得ないという関係）という考え方がある。「自分のキャパシティはまだ小さい。けれどもシャワーのように情報を浴びたいから、ほかのことはやめる」と自分で決めるのだ。

また、「抽象的なことをダラダラと考えるクセ」と縁を切ることもおすすめだ。

「やりがいって何だ？」「人生において幸福とは何だ？」「努力って何だ？」こんなことにいくら頭を使っても、残念ながら何も生まれない。

本当に没頭できる「仕事」と「遊び」で自分の時間を埋め、さらに情報のシャワーを浴び続ければ、抽象的な問答に悩まされることはなくなる。

このように、大量のインプットをし続けてみてほしい。情報の取捨選択が飛躍的に上手になっていく。同時に、インプットの方法まで最適化されていく。

繰り返すが「結果を出している人」は例外なくインプットを大量にしている。「情報のシャワー」というと、僕はジャーナリストの池上彰さんを思い浮かべる。あるとき、彼の情報収集術が紹介されている記事を読んだ。僕の覚えている限り、彼の日常的な情報収集術は次のようなものだった（過去の記事なので、当然、今はまた違うだろう）。

① オフの日は、「CNN」（アメリカの報道番組）を流しっぱなしにする。
② 毎日、すべての全国紙に目を通す。
③ 専門誌を5冊定期購読する。
④ 毎日3店の書店を訪れる。

その記事のコメント欄を見ると、大方の反応は「ここまでやっていたのか」「ヤバい」という声が圧倒的多数を占めていた。けれども僕は「当然だろう」と感じた。だって、メディアに引っ張りだこのジャーナリストの情報収集術なのだから、桁外れで当たり前だ。ニュース番組で彼の解説を一度でも聞いたことがあったら「これくらい情報のシャワーを浴びないと、あのマシンガントークはできないだろう」と、誰でも推察できるはずだ。

もちろん、先に挙げた①〜④は、紙のメディアが中心で、いささかオールドでアナログな印象は否めない。それでも「何も情報収集しない人」の100万倍、池上氏はすごい。両者の生き方には、すでに雲泥の差が生じている。

さて、あなたが浴びている情報のシャワーは、いったいどれくらいだろうか。

情報を武器にする方法

情報収集を怠ることは、社会的な「死」を意味する。大変なときこそ、情報を集める。

3 考える、調べる、試す。「思考実験」を繰り返せ

著書『本音で生きる』（SB新書）の中で「情報を浴びることで、情報の目利きになれる」と説いたことがある。

多くの情報を取り入れれば、（無意味な情報も多く入ってくるが）絶対的な情報量は増える。だから「どれだけの情報を効率よく取り入れるか、量とスピードが問題だ」と書いた。ここでは、その補足をしたい。

「情報を浴びる」というインプットだけでは、実は足りない。単なる「情報メタボ」の状態に陥ってしまう。情報のシャワーを浴びることに加えて、「自分

はどうすればよいのか」という「思考実験」を繰り返すべきだ。要は「考える、調べる、試す」ということをやり続けるのだ。

僕のメールマガジンに、質問をくれた若い男性の中で、いいお手本となる人がいた。

彼は僕の著作からメルマガのことを知って購読してくれるようになり、そこからいくつものプログラミング言語を独学でマスターしていった。

Ｊａｖａ、ＨＴＭＬ、ＣＳＳ、Ｒｕｂｙ、Ｐｅｒｌ……。彼は当時、製造業で働いていたそうだが、起業を念頭に置いており、そのことが大きな原動力になっていたようだ。

彼がすごいのは、考えることをやめずに、さまざまなプログラミング言語を自分の武器としていった点だ。

しかも「堀江さんのメルマガで知ったから、Ｊａｖａを学んだ」とか、「あの『クックパッド』がＲｕｂｙでできていると知ったから、自分もＲｕｂｙを学んだ」とか「堀江さんがＰｅｒｌを使っていると知ったから、自分も……」

という具合に、理由付けが明確だった。

これほど意識的に思考実験を繰り返せる人も珍しいと、僕は驚き、また嬉しくなった。彼のように積極的に試行錯誤を重ねられる人は、どんな仕事をするにしても強いだろうし、起業にも向いている。

反対に「ヤバい」のは、思考停止に陥っている人だ。考えることを放棄したり、新たな情報収集をやめたりするような人だ。

「情報を得ているのにアクションを起こさない」という人がいる。なぜアクションを起こさないのかというと、そこには「根拠なき自信」が潜んでいたりもする。この「過剰な自信」や「うぬぼれ」は非常にやっかいだ。

「今の自分はけっこうすごい、だから新たなチャレンジなんてしなくてもいいだろう」

どんな人にも、この手の過剰な自信が湧いてくることがある。そんなときは、強く「自己否定」をして、上を目指したほうがいい。

情報を浴びることは大事だが、それだけでは、何も成し遂げることはできないだろう。

「考える、調べる、試す」という「思考実験」を繰り返し行うことでしか、情報を価値あるものに高めることはできない。

情報を得ている者が強いのではない、思考実験をし続ける者こそが最強なのだ。

どうか、皆さんは、「情報厨」だけにはならないでほしい。

ということだから、僕が聞かれる質問のベスト5には入るであろう「起業に向いている人はどんな人ですか」の答えをあえて挙げるなら、「思考実験を繰り返しできる人」ということにもなるだろう。

情報を武器にする方法

「情報厨」「情報メタボ」「思考停止状態」。
知らない間に、これらになっていないかを絶えず意識する。

4 先に情報を与えるから、ポジションを得られる

「生きた情報」という言葉を使ったとき。勘のいい人なら「第一次情報」という言葉を連想して「誰かにリアルに会いに行こう」とするかもしれない。けれども丸腰で、誰かに「ただ会うだけ」では、大した収穫は望めない。なぜなら「会う」というのは一見積極的なアクションに思えるが、「ただ会うだけ」では非常にパッシブ（受動的）な行為だからだ。

「著名人の講演会やセミナーなどに参加すれば、ネット上にはないここだけのおいしい話が聞ける」なんて期待する人がいるかもしれない。

それは、幻想だ。「○○さんに会う」というライブ体験に、過剰に心を躍らせるくらいなら、その人の著作やSNSの発信を丁寧に追いかけたほうが、よっぽどいい。

本質的なことをいうと「面白い話」というのは、2人の人間が向き合って、一緒につくり出すものだ。

「私にはこんなアイデアがある」

「なるほど。でも、それなら△△のほうがいいでしょう?」

「たしかに。もっというと、□□にできれば最高じゃない?」

「いいね!」

このように、「ほぼ対等」に話すことができて「化学反応」が起こるような関係でないと、誰かに会っても有益な機会にはならない。

「○○さんって、やっぱりすげーっ!」などと著名人の言葉をありがたがって受け取ることは、真のコミュニケーションではない。あくまで「一方通行」の間柄だし、そこから新しいものは生まれない。

もちろん、翌日から生きるモチベーションが少し上がって、習慣の改善を試みるようなことはあるかもしれない。けれども、それは一過性のもの。時間が経つにつれ、単なる「美しい思い出」へと変わっていくだけだ。あなた自身は、1ミリも変わらない。

では、いったいどうすればいいのか。

ヒントになりそうな話を紹介しておこう。無名の素人の男性が、独力で化学反応を起こし、夢を叶えたエピソードだ。

「755」（SNS、トークアプリ）に、「七色息子」というユーザーがいた。彼は、秋元康さんの「755」に、AKBグループに対する長文の論考を、よく書き込んでいた。

その甲斐あって、秋元さんの目に留まり、「AKBGに対する評論が愛に満ちていて楽しい」と、SKE48のドキュメンタリー映画のパンフレットの原稿を、秋元さん本人から直接依頼された。

このように「人脈もコネもお金もない普通の人」でもネットを駆使して「情

報収集&情報発信」をすれば、ポジションを得られる。似た例は、僕の運営するオンラインサロン「ＨＩＵ」（堀江貴文イノベーション大学校）の会員にも、出てきている。

七色息子氏のように、何かに没頭して自信を持って訴えかける熱量がないと、「会いたい人」に会っても、化学反応は起こらない。遠慮なくいわせてもらうと、丸腰のあなたのままでは、相手に与えられるメリットが、何もないからだ。人間関係の基本は、先にｇｉｖｅする（与える）ことだ。とはいえ、相手に何も「金品を与えろ」というのではない。七色息子氏の例を参考に、何か行動を起こしてみたらいい。

情報を武器にする方法

熱量のある率直な意見や感想が、相手にとっては「貴重な情報」であることも多い。

5 人ではなく、情報と会おう

僕は、興味のある分野が出てきたら、そのジャンルの専門家との「対談」を意識的にセッティングするようにしている。

その相手と会話で化学反応を起こせるレベルであれば、「人と会うこと」ほど素晴らしいことはない。

やはり得られる情報の濃度は対面が一番だ。

もちろん、お互いがリスペクトしていて熱意がある場合に限るが。

そう考えると、僕は毎日かなりの人と会っている。意味なく人と会うのが嫌いなだけで、お互いにとってメリットのある情報交換ができる人と会うのは大歓迎だ。

どんな仕事、分野でも、これは同じだろう。

こういう話をすると「ホリエモンだから、有名人だから、自由に会いたい人と会えるのだろう」と言い訳がましくいってくる人がいるが、まったくそんなことはない。

では、なぜ会えるのか。

それは、その人の情報を得られるだけ得ているから、相手のメリットとなる情報をできるだけオープンにするから、会えるのだ。

僕は「人脈」という言葉が大嫌いだが、この言葉には「いい人だから」「前にお世話になったから」「知人の紹介だから」など、感情の理由が見え隠れする。

僕らは、正しくは、人ではなく情報と会っているはずだ。

ビジネスやプロジェクトの場合、相手の持っている情報と自分が持っている情報が交わっているということ。

その意識を忘れてはならないし、そうでなければ、自分や情報の価値が高まるはずもない。

逆にいえば、その意識を持つだけで、交渉や打ち合わせのクオリティは上がるはずだ。意味のない「対面」もかなりなくなるのではないか。

何をやっているかよくわからない相手と会うのは、人脈を広げることではないし、名刺交換しただけの人を指して「人脈がある」とはいわない。もしかしたら、あなた自身が相手にそう思われているかもしれない。

「人脈」ではなく「情報脈」。

情報だけで輪を広げられる人しか成功できないし、人生は楽しめない。

情報を武器にする方法

感情を理由に人に会っているだけでは、情報を手にすることなどできない。

6 教養のレベルは、上げられるだけ上げておけ

２０１８年、テレビ番組「アナザースカイ」（日本テレビ系）にゲスト出演させてもらったときに感じたことがあった。番組の中で、僕はこんな内容を語った。

「10年前にテレビ局を買収しようとした目的は『サブスクリプションモデル』をやろうとしていたからだったが誰にも理解してもらえなかった」。

「サブスクリプションモデル」とは一定期間、継続的に受け取る商品やサービスに対して対価を払うこと。つまり「定額制」の料金形態を指す。要は、追加

で料金を支払うことでさまざまなメリットを得られる「アマゾンプライム」のようなスタイルのことだ。

今、こう説明すれば、誰でもイメージができることだろう。ただ、当時は理解どころかイメージすらできない人がほとんどだった。MCの今田耕司氏にこうツッコまれた。

「説明があんまり足らんと、人には伝わらないんだ」

たしかに今田氏のいう通り、「説明が足りないと、人に伝わらない」という事実はあるかもしれない。だが、僕は説明がかなり「うまいほう」だと思う。難しい事柄だって、子どもでもわかるレベルにまで噛み砕いて話すように心がけている。したがって、大人に伝わらないわけがない。だから「サブスクリプションモデル」を理解してもらえなかったのは、説明不足が原因では決してなかったはずだ。それよりもむしろ「前提として共有すべき教養」が、関係者たちに欠落していて「堀江のいっていることはわかんねぇよ」と短絡的に片付けられてしまったのだ。

「教養」なんていう古めかしい言葉を持ち出してしまったが、現代でも「教養」は厳然として存在する。「古典文学など昔の名作を読みましょう」などという話ではない。ビジネスモデルやコンピュータ関連の専門書を数百冊程度読んでいる人たち、つまり現代版の教養を身につけている人たちなら、「サブスクリプション」というワードを投げかけるだけで、もっとポジティブな反応が返ってくるはずだ。

もちろん「あのときの相手は教養がなかった」と批判をしたところで、どうしようもない。ただ、僕の本を読んでくれているあなたには、伝えておきたい。現代版の教養を身につけること、つまり新しい情報をキャッチし続けることは重要だ。

大きなプロジェクトを動かすとき、誰かとチームを組んで仕事をするときには、前提となる知識や教養がなければ話にならない。シェアできる教養のレベルが低いレベルであれば、アウトプットのレベルは当然低くなってしまう。

もちろん、僕も識者と対談をするときなど、相手の情報をできるだけ頭に入れるようにしている。相手の著作はもちろん、ツイッターなどSNSで発信されている事柄で重要なものはすべて把握するようにしている。だから「相手がもっとも話したいこと」を、対談中にうまく「振る」ことができる。その狙いが外れたことはない。

「ホリエモン万博」というイベントのADを務めてくれたHIUのメンバーにも「対談相手の情報は完璧に頭に入れている」と驚かれたことがある。でもよく考えてみてほしい。「これから会って話をする人」の情報を事前に収集するというのは、当たり前の礼儀であるはずだ。

事前の情報収集なんて、誰でもできるだろう。これほどハードルの低いことはない。

情報を武器にする方法

今の自分の「教養」のレベルと同等の情報しか手に入らない。だから普段から、「教養」を磨こう。

7 「ノイズ情報」に、アイデアの原石が潜んでいる

生きた情報を手に入れるとき、気をつけたいことがある。それは「自分の意見に近い情報だけを優先して集めないほうがよい」ということだ。自分の考えに近い情報（意見）ばかりを集めれば、誰だって心地いいし、安心できる。けれどもそんな情報ばかりにひたりきっていたら、批判性や批評性や、巧みに反論するような論理性は育ちにくい。

だから僕は、賛同しにくい情報にも、積極的に触れるようにしている。たとえば「正反対の意見の人」をツイッター上でフォローしたり、「明らかに意見

が合わない人」の文章を意図的に読んだり……。もちろんそんなことをしていると、カチンとくることはある。ストレートにむかつくこともある。ただ、部分的には「何だ、いいこともいってるじゃん」と素直に思えたりもする。自分自身のバイアス（偏見）を修正できることだってある。それはとても貴重な体験だ。

このように「自分とは反対派」の意見にあえて触れる行為を、僕は「ノイズを入れる」と呼び、習慣化している。

心の中に生じる違和感が、よい意味で刺激となってくれる。一見整理された、「精度が高そうな情報」よりも「ノイズ的な情報」の中にこそ、アイデアの原石が潜んでいることが多い。

たとえば「意識の高いベンチャー経営者の人たちが勉強会と称して集まっている場」よりも、地方のイベントや合コンに参加して、若い女子に「まわりで、今何が流行しているの？」と聞いたりしたほうが、面白い情報が手に入る。

実際、僕はこの手法で、サービスをスタートして約2ヵ月目という初期に、

「ＬＩＮＥ」を知ることができた。それは、刑務所に面会に来てくれたある女の子のおかげだ。

実はビジネスの面でも、この「ノイズ」という概念は役に立つ。特に「その人に合った商品を届ける」系のサービスとは親和性が高いだろう。

株式会社ＺＯＺＯが運営する「ＷＥＡＲ」というアプリがある。このアプリは、面白い。だが僕は忙しいから、「コーデを見る」だけではなく、僕好みの服を自動的に選んで宅配してほしい。「ＷＥＡＲ」では、気に入ったアイテムを各ショップのサイトから購入もできる。まず、その手間を代行してくれたら、ありがたい。

そして、提案したいポイントは、「すべてが僕の好みの服ではない」という点だ。複数のアイテムを僕に送ってくれる際に、全体の1～2割ほど「ノイズ」的なアイテムもチョイスしてほしいのだ。すると「この色、意外と合うんだな」とか「自分では手を出さなかったけど、こんなアイテムが流行っているんだ」なんて、参考にできそうだ。

さらに「こんなサービスがあったら」というビジョンがある。

僕のGoogleカレンダーの予定を提供するから、そこから自動的に「毎日のスケジュールに合ったファッション」をおしゃれな段ボール箱で送ってきてほしい。週末に知人の結婚式に参列する予定が入っていたら、フォーマルなタキシード。海に行く予定が入っていたら、海パンやらビーサンまで1セットになったマリンルック。そして、全体の1〜2割に、スパイスとして「ノイズ」的なアイテムを加えてほしい。もちろん、「洗濯なしで返品」「使用後は回収に来てくれる」というルールがいい。こんなサービスを誰か、具現化させてほしい。「ノイズ」の概念がもっと一般化すれば、素敵な化学反応がそこかしこで起こるはずだ。

自分とは180度異なる見識の中にこそ、成長させてくれる種が眠っている。

第2章

情報を所持することは、未来を見抜くことだ

思考停止するな、考えながら動け

8 情弱がバカと貧困の温床

インターネットスラングに「情弱」というものがある。つまり、情報弱者のことだ。当然知っておくべきことを知っておらず、常に損をしている人々、これが情弱である。

情報にお金を使わないと（もしくは、情報に気を遣わないと）、入ってくる情報の質が悪くなり、思考力が落ちる。要はわかりやすい「思考停止」状態。

そうなると、いつの間にかお金が減っていく、搾取されていく、稼げなくなるという悪循環に陥り、結果的に最低限の生活を強いられる。世にいう「貧困」となる。

貧困という悪循環に陥る原因には、環境がどうのこうのという以前に、そもそも良質な情報を得る努力を怠っている、つまりは「情弱だから」というケースもかなりあると思っている。だから、誤解を恐れずにいえば、「情弱」と「バカ」と「貧困」はかなりの部分で重なっている。

そもそも、なぜ情弱の人が貧困に陥りやすいのか。それは、お金の本質を理解していないからだ。

僕が好きな漫画に闇金融を舞台に社会の暗部を描いている『闇金ウシジマくん』という作品がある。この漫画で主人公の丑嶋が「金は使ってこそ意味があんだ。（中略）金自体に価値はねえよ」と説く場面がある。これはどういうことかというと、お金とは信用を数値化したものにすぎず、お金自体に価値があるわけではないのだ。

1万円札の原価は28円くらいだといわれている。では、どうして1万円札に価値があるかというと、国がその価値を保証しているからだ。さらにいえば、昔の貨幣は金や銀と交換できた。紙切れならばその気になればいくらでも刷ることができるが、金や銀は有限であり、希少性が価値になっている。

もちろんお金の本質を理解していれば、必ずお金持ちになるというわけではないが、理解していればビットコインのような仮想通貨の本質的な価値を早い段階で理解し、大金を稼ぐこともできたはずである。一方の情弱は「仮想通貨って何?」状態。

「B」という刻印の入った現物のビットコインを本物だといわれて大金を払って購入してしまうレベル。もちろん、ビットコインは概念上の産物であり、この世にビットコインの現物は存在しない。

もっといえば、情弱は「お金=豊かさ」と思っている人が少なくないと思うが、もうその時点でダメだと思うのだ。

現代社会においては、お金と豊かさの相関性は高くない。社会が進歩すればするほど、その傾向が強まり、むしろお金の価値は低下している。

断言できるが、現代において、本来、情弱になんてなりようがないはずだ。

かつては「質の高い情報」というと書籍を買ったり、学校に通ったり、特別なグループに所属したりと、コスト面から考えてもハードルが高かったが、今は必要な情報はネットでほぼ無料で入手できる。

ということは、現在、表面化している多くの貧困も、あってないようなものだと思うのだが、どうだろうか。

生活保護基準の引き下げが進んでいるといわれているが、それでもひとり親家庭で3人子どもがいる家庭なら生活保護費や手当を合計すると20万円ほどもらえるという。

僕からいわせれば、「それだけもらえれば十分だよね?」ということになる。こうした家庭の支出内訳を見てみると毎月3万円近くを携帯電話に充てているという統計もある。格安SIMに乗り換えてLINE電話などを使えば、携帯電話代なんて月数千円ですむということを知らないか、あるいは面倒だからやっていないのだろう。

携帯電話代だけでなく、今は衣食住の大半はタダ同然で手に入るということを情弱は知らない。

貧困問題を解決するには、お金をあげればすむという話でもない。個別に見れば、「ちょっと工夫すればいいのに」という問題が多すぎるように思う。いってわからないバカは切り捨てるしかないと僕は思ってしまうが、それは冷たいことだろうか？

情弱になりえない世界において、情弱に陥ってしまう。これは、きっとあらゆるものへの思い込みが原因なのだろうけど、情報を鵜呑みにしてしまう傾向がある人は気をつけてもらいたい。情弱予備軍といってもいいすぎではないだろう。情報やテクノロジーはどんどん進化する。常識を信じ込まないで、本質を見抜いて行動してほしい。

情報を武器にする方法

情弱予備軍の自覚が少しでもあるなら、情報への接し方を見直せ。

9 お金なんて、信用のバロメーターにすぎない

さて、お金とは信用を数値化したものにすぎず、お金自体に価値があるわけではない、と前述した。

お金を多く持っていることが、「豊か」というわけでもない。この本質は残念ながら、なかなか理解されていないから、踏み込んで話しておこう。

僕の講演イベントに参加してくれていた経営者から、こんな質問をもらったことがある。

「私はお金のためには仕事をしていない。あなたはなぜ、そんなにお金が好き

なのか!?」

僕は正直、驚いた。なぜなら、僕は物心ついてから「お金そのものが好きだ」と感じたことはないからだ。

「僕にとってのお金は〝爪切り〟と同じ。爪が伸びたら使う道具、つまり『必要なときに必要なことをしてくれる道具』にすぎない。だからあなたの質問は、僕にとって『なぜ、そんなに爪切りが好きなのか』としか聞こえない。あなたは『爪切りのことが好き?』と聞かれたら、いったいどう答えるのか? お金が好きで、お金にとらわれているのは、実はあなたのほうではないか?」

僕に質問してくれた経営者は、きまり悪そうな表情になり、黙ってしまった。

このやりとりを読んで、あなたも思い当たる節があるのではないか。世の中のほとんどの人は紙幣の束にあこがれ、お金が潤沢にある状態を望んでいる。

繰り返すが、「お金=信用」だ。お金は、紙幣や硬貨などの物質として存在するが、見方を変えればただの紙や金属でしかない。単なる金に価値を見出し、追い求める人間は、宗教家の教祖が発行したお札をありがたがる信者と変わらない。本当に重要なのは教祖の教えであるはずだけれど「お札さえあれば幸せがやってくる」と勘違いしてしまっている。お金なんて、「信用」のひとつの象徴でしかないはずだ。

そして、この考え方でいうと、「ビジネスで多くの借金がある人＝素晴らしい」ということになる。借金ができるほどの信用があるという証拠だからだ。当たり前の話だが、信用のない人はお金を借りることはできない。信用のない人への融資なんて、誰もしたくない。

わずか「10」でも信用があれば、「１００」のお金を他人から借りて集めることができる。ところが面白いことに「１００」のお金があっても、「10」の信用を得ることはできない。だから、お金そのものを欲しがるのではなく、信用を得ることに先に懸命になるべきなのだ。

では、どうすれば大事な相手からの信用を得て、強固な信頼関係を築いていくことができるのか。そのためにはまず「自分自身が楽しむこと」。あなた自身が楽しいと、その空気は周囲に伝わり、共感してもらえるはずだ。そして多くの人が集まってくるだろう。

「あなたにならお金を出したい」「一緒にビジネスをしよう」

こんな申し出が、向こうからやってくるようになる。だから、あなたは何かに集中して、楽しんで、「自分自身の価値を高めること」に尽力すればいい。

それなのに、多くの人はまず皮算用ありき。

「どうすればお金になるか」「どうすればお金を増やせるか」「どうすればお金を貯めることができるか」

考え方が本末転倒だから、結果的にお金と縁遠くなっていく。

「どうすれば信用を得られるか」「どうすれば信用してくれる相手を増やせるか」「どうすれば信用され続けるか」

このように、人が本当に考えなければいけないのは、「信用」の生み出し方だ。

「お金とは信用を数値化したものにすぎず、お金自体に価値があるわけではない」

ここまで語れば、冒頭の言葉の意味については、理解していただけたはずだ。

最後に、僕のおすすめの「お金」にまつわる4冊の教養本をガイドしておく。厳選した本だから間違いはない。さらに学びを深めてほしい。

1冊目は、とっつきやすいところで、漫画『インベスターZ』（講談社／全21巻）。『ドラゴン桜』などで有名な三田紀房さんの作品だから、面白くないわけがない。ちなみにインベスターとは「投資家」の意味。あの『会社四季報』に「投資ビギナーにも、一定の経験を積んだ投資家にも勝つための『気づき』を与えてくれる」と評された名作だ。私も8巻に登場しているので、探してみてほしい。どこから読んでも理解できて楽しめる、エンターテインメントとしても一流の作品だ。

続いては、『経済ってそういうことだったのか会議』（佐藤雅彦、竹中平蔵／日経ビジネス人文庫）。2002年に出た本だが、経済学を普遍的に説く本だからまったく色褪せていない。世の中のあらゆる現象を「お金の動き」という視点から見る方法を教えてくれる、現代の「古典」だ。

3冊目は、歴史学者、磯田道史さんによるドキュメンタリー的なノンフィクション『武士の家計簿「加賀藩御算用者」の幕末維新』（新潮新書）。この作品を原作として映画が製作されたくらいだから、そのすごさが窺えるだろう。「金沢藩士猪山家文書」という武家文書が下敷きになっており、江戸時代の武士の暮らしの「リアルなお金の流れ」が浮き彫りにされている。

最後は、『日本人がグローバル資本主義を生き抜くための経済学入門』（藤沢数希／ダイヤモンド社）。作家で投資家の藤沢さんによる作品だ。彼は鋭い分析とわかりやすい筆致が持ち味で、国民的な人気ブロガーでもあるから、本書も当然読みやすい。多くの日本人に欠如しがちな「グローバル視点」で経済が読み解かれている。どうか気負わず読んでほしい。

情報を武器にする方法

「お金を得ること」より「信用を得ること」に尽力するほうが、自分もまわりも早く幸せになれる。

10 「お金がなくなる社会」に、君はついていけるか

僕は2013年3月に長野刑務所から仮釈放された。仮想通貨とはその直後からの付き合いだ。シャバに出てきたら、すぐに情報発信をしなければならないと思ってツイッターを再開したが、僕にとにかく絡んできたのが仮想通貨関係の人たちだった。

当時は、仮想通貨の知名度はほとんどなかった。そこで仮想通貨を持っている人たちは誰でもいいから有名人に取り上げてほしかったのだろう。ただし、僕は仮釈放中の身。規制もなく、ギャンブルみたいなものとしてみなされてい

た仮想通貨とかかわるわけにはいかない。「仮釈放が終わる11月まで待ってくれ」と返すようにしていた。

それから、ツイッター上でモナコインを送付できる「チップモナ」というサービスを通じてモナコインを僕にくれる人がたくさんいたのだが、そのことをずっと忘れていて放置していたら2017年の仮想通貨ブームのときにモナコインも急上昇して税理士が3000万円ぐらいあるといっていた。

そんなこともあって、仮想通貨に関してはかなり初期の段階から関心があって、2014年8月に行われたイーサリアムのICO（Initial Coin Offering、株式市場におけるIPO［新規公開］の仮想通貨版のようなもの）にも応募できた。といっても、1万～1万5000円程度しか買っていないが、それでも最高で6000倍まで高騰してそれなりの金額にはなった。とはいえ、購入後に秘密鍵を忘れてしまい取り出せなくなってしまったというオチがついている。

ともかく、仮想通貨である。2017年には日本で大ブームとなり、連日、仮想通貨の話題でもちきりとなったが、取引所のハッキング騒動もあって今は下火だともいえよう。

だが、僕自身は仮想通貨の未来を楽観視している。僕がライブドアを経営していたときに子会社でFXを扱っていたが、黎明期のFX業界もいろいろ問題はあったが、それを乗り越えて大きく発展していった。いずれ仮想通貨も市民権を得ていくと考えている。

「ビットコイン投機の対象でしかなく、決済で使われていない。通貨として使われるためには安定的でなければならない」という批判が以前からある。だが、仮想通貨業界の中でビットコインは基軸通貨であり、アルトコイン（ビットコイン以外の仮想通貨）を購入するのにビットコインは使われていて、仮想通貨業界における基軸通貨としてのビットコインは安定的だ。また、最近のビットコインは値動きがほとんどなくなって、逆に投機筋から恨み節が出るくらいだ。

僕は、ビットコインはある日突然何かが変わって、一気に普及するのではないかという漠然とした将来像を思い描いている。その起爆剤になりそうなのがQRコード決済だ。

今、政府が熱心にキャッシュレス決済を推進しているが、現状の日本のキャッシュレス決済といえばＳｕｉｃａなどのＩＣカードだろう。ところが世界を見渡すと、中国では「ＱＲコード決済」が勢力地図を塗り替えようとしている。ひとつ前の世代のＩＣカードは技術の結晶だ。よくできているものだと思ったけれど、ＱＲコード決済が出てきて「何だ、これでいいじゃん」と目からうろこが落ちた。

ＱＲコードなら、スマホで誰でも使えるし高価なリーダーも必要ない、利便性も高い。中国では食堂のメニューにＱＲコードが記されていて、客はそれをスマホで読み込み注文と同時に決済できる。店もリアルタイムで売り上げを管理できる。ローテクではあるが、こんな便利なことができるのはＱＲコードだけだ。券売機は50万~１００万円ぐらいする高価なものだ。ＱＲコードによるキャッシュレス決済が普及すれば、店の運営コストが下がり社会はもっと活性化する。さらに多くの人が現金を使わなくなると、仮想通貨も身近な存在になる。そのとき、仮想通貨は再ブレイクするのではないか、というのが僕の見立て。

その先陣を切るのではないかと僕が思っているのがメタップスの経営者、佐藤航陽くんだ。僕は以前、その佐藤くんと朝まで語り合ったことがある。佐藤くんは「堀江さん、攻めてませんよね、最近（笑）」とけしかけてきたのだが、僕は「いや、俺、1回捕まったし……。君が攻めてくれ」と返しておいた。

メタップスではタイムバンクというサービスを手がけていて、10秒単位で時間をリアルタイムで売買できるのだが、ちょっと聞いただけではよくわからないものだろう。だが、こういうとんがったことを突き詰めてやってくる佐藤くんのような人物が何かをやらかすのではないだろうか。基本的に世間の人々が関心を持つのは儲かることだから、仮想通貨が普及する過程で投機性は必要だろう。「あぶく銭」を巻き込む形で一気に決済革命が進むことになるはずだ。

情報を武器にする方法

あぶく銭で、世界は変わる。「潮目の変化」は、常に突然訪れる。

11 「運のよさ」とは、情報に飛びつけるかどうか

「桃太郎」の昔話がある。おばあさんは、川に洗濯に行き、流れてきた大きな桃に飛びついて、家に持ち帰って割ってみる。すると、男の子が飛び出してくる、という話だ。

僕はチャンスの本質は、これだと思う。

多くの人は巨大な桃が流れてきたら、驚いたり、様子を見たりして、基本スルーだ。ところがおばあさんは平然と持ち帰る。桃から生まれた桃太郎は鬼退治に出掛け、宝物をおばあさんとおじいさんに渡す。

運を味方につけられる人というのは、このおばあさんのように「これだ！」というものが出てきたら一も二もなく飛びつく。

僕自身を振り返ると、1993年頃、学生時代にアルバイト先で知った黎明期のインターネットが「桃」だった。当時の僕は「インターネットが革命を起こす」と直感して熱狂した。

それで立ち上げた会社を上場までさせたのだから僕の読みは正しかったのだが、当時を思い出すと、僕よりもスキルのあるアルバイト先の社員たちは「堀江はなんであんなにインターネットのことが好きなんだろうな」といった具合で冷笑的だった。

仮想通貨についても同様のことがいえる。ビットコイン自体は、2012～2013年頃にキプロスの金融危機の際に価格が高騰したことで、一般に報じられていた。2013年にはFBIが閉鎖したシルクロードという闇サイトで通貨として使われていたことが注目され、2014年にも当時の大手取引所、マウントゴックスが破綻して騒動になった。

ビットコインの価格が高騰し日本でブームになったのは2017年からだが、ビットコイン自体は誰でも知っているようなものだった。ところがこの「桃」に飛びついた人（実際に買った人）は少数派で、そして、その多くが大金を稼いだのである。

では、自分の目の前にあるものが「桃」かどうかをどうやって見わければいいのだろうか。結局それは、「自分が熱狂できるかどうか」で判断するしかないだろう。

気になる情報をキャッチしたとき、それが自分の琴線に触れるものであれば、まずはやってみる、飛びついてみる。そうするしか「桃」をつかむ方法はない。これまでの僕自身を振り返ってみても、それは紛れもない事実だと断言できる。

情報を武器にする方法

川から「桃」が流れてきたら、それはあなたにとってのチャンスである。つかまない手はない。

12 完成形だと思われているものこそ、劇的に変化し進化する

今メディアでとかく話題になりやすいのが自動車の未来についてである。そもそも自動車業界は市場規模が大きく日本メーカーだけでも68兆円もあって、影響力が大きいが、近年はＡＩによる自動運転車とガソリンエンジンからＥＶ（電気自動車）への転換という１００年に1度の大きな変革が同時に進んでいるのだ。誰もが自動車の相対的未来の姿について語りたがるのは無理もない。

そこで僕も一言いっておきたい。それは、自動車の未来の姿は、既存の自動車に自動運転機能をつけてＥＶ化したものになるのではなく、「パーソナルモ

ビリティ」になるのではないかということだ。

パーソナルモビリティが何かについて説明する前に、iPhone がどうして世に出てきたのかということについて語らなくてはならない。

iPhone が出たのは、2007年のことだが、実はその前から iPhone のような端末は存在していた。ザウルスやクリエ、パーム、ブラックベリーなど各社が発売していて、それらを総称してPDA（携帯情報端末）と呼んでいた。PDAはデキるビジネスマンやオタク層などは持っていたが、普及は一部にとどまった。ところが、iPhone が出てくると、皆がわっと飛びついて世界的な大ブームとなり、今では誰もが持っている生活必需品のようになった。

では、なぜPDAはダメで iPhone は成功できたのだろうか？　どちらも携帯型のパソコンである。iPhone はたしかに使いやすかったが、各社のPDAも頑張っていた。その違いは iPhone が「電話（Phone）」という名前を商品名につけたことにあると思う。

たしかに iPhone には、当然、携帯電話の機能がついている。だがそれは

iPhoneの一部の機能にすぎず、実質はパソコンであり、さまざまな使い方ができる。ところがアップルはあえて「これは電話ですよ」という見せ方を全面に出した。すると、「電話なら、欲しいかな」という人が多くいたのだ。逆に「これはパソコンですよ」といわれたら「いらないかなあ」という人がほとんど。だから、PDAは普及しなかった。

iPhonで起きたことと同じようなことが自動車にも起こるのではないかと僕は思う。それがパーソナルモビリティである。ただ、今、僕はパーソナルモビリティという言葉を使ったが、実際に普及する段階ではおそらく別の名前になっていると思うので、その概念について語ろう。

パーソナルモビリティは、ご存知の通り、すでに発売されている。セグウェイが出している電動立ち乗り2輪車や中国の携帯メーカー、シャオミの傘下のナインボットの電動立ち乗り1輪車などがある。また、今、アメリカではバードという会社が出しているキックボードに似た外観の電動スクーターが大人気になっている。

こうしたものがもっと改良され、高齢者だったら車いす型に近くなったり、若者だったらセグウェイ型に近いものになったりなど、利用者ごとにパーソナライズされていくだろう。これを時速6キロぐらいのスピードで自動運転させる。なぜ6キロかというと、すでに似たような製品があってそれが6キロで走っているからだ。

バルト三国のエストニアにスターシップ・テクノロジーズというベンチャー企業がある。この会社は、ラストワンマイルの配送ロボットをつくっている。乳母車ぐらいの大きさの6輪車にクーラーボックスを載せていて運転手は乗車せず、自動運転で歩道を走行してピザなどを配送する。この配送ロボットは、可視光カメラと赤外線カメラ、ミリ波レーダー、超音波スキャナーぐらいしか搭載していないが、時速6キロしか出ないから、それで十分だ。このシステムは、すでに全世界、十数ヵ所の都市で実用化されている。

その配送ロボットのような人が乗れるパーソナルモビリティをつくれば、既存のインフラをさほど改造せず、高齢者がそれに乗ったままバスや電車に乗れるようになるだろう。

そして、パーソナルモビリティがさらに進化すると、椅子のような形になる。自分用にカスタマイズされた椅子が勝手に動き回るイメージだ。自動運転機能がついていて、姿勢制御機能があり、クラウド上にある自分の予定とも連携している。すると、自分の予定に合わせてアラートが出て動きはじめる。長距離移動の手段というよりも、ラストワンマイルの移動手段になる。利用距離が短いから、電池問題もそんなに関係ない。

すでに「パーソナルモビリティのラストワンマイル」ソリューションに関し、さまざまなプレーヤーが正解を求めているが、数年以内にiPhoneのような正解が出てくるだろう。それによって社会はガラッと変わるはずだ。

情報を武器にする方法

既存のプロダクトの未来形は、現状のコンセプトと違った方向に発展していく。

13 アイデアなど、ただの情報のつなぎ合わせ

「独創的なアイデアで、社会に大変革を起こして世界中の人を幸せにしたい」

そんな大きな志を聞かされることがある。でも、そのたびに「そんな大げさに構える必要はないだろう」と感じてしまう。

なぜなら「自分自身から純粋に湧いてきたアイデアなんて、たかが知れている」というのが僕の持論だから。

世界中には70億人超もの人がいる。「まったく同じことを考えている人が、世界中に同時に3人いる」という説だってある。だから「独創的なアイデア」

だとか「自分固有の考え」なんかにこだわりすぎないほうがいい。むしろ「アイデアなんて、ただの情報のつなぎ合わせでしょ」くらいの認識のほうが、大成功を招いたりもする。

だから、アイデアを出す作業を「一発勝負」で頑張るのではなく、情報を常に収集して、「ストックした情報を掛け合わせる作業」を日常的に、なかば無意識レベルで習慣化したほうがいい。

たとえば、僕自身が今構想しているのは「配送ロボット」の開発だ。先の項目ではエストニアのベンチャー企業を紹介したが、実際に自分でもやってみようと考えている。

僕は北海道大樹《たいき》町でロケットの打ち上げ基地を持っているが、ここがまさに配送ロボットを必要としている。大樹町は冬になるとマイナス20度になる。住民の半分以上が60歳以上で、高齢化も進んでいる。いくら便利だからといって、高齢者の皆さんに、自動車を運転することも推奨できない……。

だから僕は、大樹町で配送ロボットの実証実験を行いたい。そんなエリアで配送ロボットが御用聞きのようなことをできれば格段に便利になると思うのだ。

こんな構想について話すと、「さすがのアイデア」などと持ち上げられることがある。でもこれは「さすがのアイデア」でもなんでもなく、理詰めで考えて、ただ手持ちの情報をつなぎ合わせ、掛け算をしただけ。
①「エストニアのベンチャー企業が配送ロボットの開発に成功した」
②「北海道の大樹町では高齢化が進み、困っている人が多い」
③「高齢者の自動車事故が増えている」
この3つの情報を脳にインプットしていれば、自ずと「大樹町のようなところこそ、配送ロボットの需要がある」という解が、誰だって導き出されるはず。「なぜ、それが必要なのか」「なぜ、それをやる意味があるのか」「現段階では、何が実行できて、何が実行できないのか」。これらを常に問いながら、情報を掛け合わせていくだけ。

それで自然に出てきた考えこそが、アイデアだ。「机の前にただ座っていたときに、天からアイデアが降ってきて、それを実践したら成功した」なんてことは、ありえない。

もちろん、入浴中に水が湯船からあふれるのを見て、「アルキメデスの原理」のヒントに気づいたアルキメデスや、リンゴが木から落ちるのを見て万有引力を思いついたニュートンなどのエピソードはある。でも、彼らだって常に情報を集め、四六時中考えていたからこそ、真理に気づくことができたはず。入浴やリンゴは、単なるきっかけにすぎない。天才といえども、「情報収集」や「思考」は必要なのだ。

このように、アイデアを生み出すためには日頃からの情報収集は欠かせない。「ひとつひとつの情報がなければ、新しいことなんて考えつけない」、そう意識して毎日の情報に接してほしい。

情報を武器にする方法

真に革新的なアイデアとは、既存の情報のハイブリッド、つまり掛け合わせの産物である。

14 51対49の情報で勝負しろ!

アウトプットをしたり、意見をいったり、行動に移すとき、気に留めてほしいことがある。それは「賛否がわかれるテーマや主張ほど新しくていい」というセオリーだ。

ツイートもしかり。賛同者とアンチ、両方が次々にネット上に湧いて、議論が起こったほうが、世の中がよい方向に変わったり、新たなファンを獲得できたりするものだ。

「それって、炎上でしょう?　自分が責められるみたいで怖くないですか?」

そんな声も聞こえてきそうだが、炎上こそが、古くさいしきたりや決まりごとを撤廃させ、時代を前進させる。もちろん、炎上にも「塩梅」というものがあって「燃えれば燃えるほどいい」というわけでもない。過激すぎたり極論すぎたりする炎上は、いただけない。

立場によっては見解がわかれるネタで、「賛否がいい感じに拮抗するもの」ほど、活発な議論が展開され「建設的な炎上」となる。僕が意図的に目指しているのは、ここだ。

誰もが気づいていない社会問題、口にしにくい問題、問題提起をすることがはばかられるような問題を改善、解決するのに、「炎上」という手段は実は有効なのだ。

たとえば保育園問題しかり、ブラック企業にまつわる問題しかり。そんな炎上が起こると、ウェブニュースも取り上げるから、より拡散されてより多くの人に知ってもらえる。つまり炎上が独り歩きを始める。僕がテレビ局のスタジオにわざわざ出かけて、一生懸命話さなくてもよいのだ。

もちろん、全員に「SNSで炎上せよ」と説きたいわけではない。この「賛否が拮抗するものほどいい」という考え方を、もっと身近なものに落とし込んで活用してほしい。

たとえば会議で「賛成：反対＝100：0」で採用されたアイデアは、無難ではあるが、大成功には至りにくい。「多くの人が認めている」という時点で、そのアイデアからはカドが取れて、とんがったよさが消えている可能性が高いからだ。

新しいことをやりたい、大成功を目指したいなら、せめて「賛成：反対＝51：49」の意見を採用すべきだ。バクチ的ではあるが「賛成：反対＝10：90」のほうが、大成功をおさめる可能性だってある。

情報を武器にする方法

「賛成：反対＝51：49」くらいのアイデアを実行してこそ、未来は変えられる。

15 大学は、人生の役に立たない

何でもネットにある時代である。さらにスマホが普及して、場所を選ばずあらゆる情報にアクセスできるようになった。人類の歴史が始まって以来の大変革である。ところが、その割に社会の変革が追いついていないと感じるのは僕だけだろうか？

たとえば大学。大学は、大多数の人の役に立たない。これは事実だ。大学というのは学問をする場とされているのだが、今ならそれに必要な情報はネットでいくらでもアクセスできるが、わざわざ高い授業料を払って4年も通う価値があるとは思えない。

僕自身は東大に合格し、キャンパス内にある寮で生活していたが、まともに授業に行った記憶はないし、途中で起業してさっさと退学してしまったが、それで困ったことなど何もない。実際大学で何を学んだか聞いても、ほとんどの人は答えられないのではないだろうか。

ところが、僕にとっては存在意義のよくわからない大学の人気が近年高まっているのだ。文科省の学校基本調査によれば、僕が東大に入学した1991年度の大学進学率は25・5%だったが、2018年度には57・9%と倍以上になって過去最高記録となった。

よく少子化で大学経営が厳しいといわれているが、大学進学率自体はどんどん伸びている。だが、大学が人気になっている理由は何かと考えても思い当たるものがないのだ。

何のために大学に行くのかと聞かれれば、ほとんどの学生は就職のためだと答えるだろう。大学卒業者のうち就職する者の割合は2018年度で77・1%

である。この数字は2010年以降、ずっと伸びている。大学に進学する人は、基本的には就職をするのである。ところが、大学では仕事で役に立つ知識を教えていない。会社からしても、何のスキルもない人たちがある時期に大量に入ってきても、使いづらいだけだと思う。

もちろん「学問」は、社会のためには必要だろう。だから、学問をする場というのはあってもいいが、そういう人は社会のごく一部で十分であり、既存の大学が必要であるということの理由にはならない。

現状では、大卒者のほとんどが就職するのだから、仕事に役立つことを教えなければならないのに、そうはなっていない。需要と供給が著しく乖離《かいり》していて大学の存在自体が形骸化しているのだ。

これは僕がいい出したことではなく、昔からそうで皆もなんとなくはわかっていることだと思うが、変化の兆しはまったく見えない。誰も問題にしないかららそのまま放置されているわけだが、僕が問題だと思うのは大学の存在が大いなる無駄になっていて社会の負担になっているということだ。若者が4年間もボーッと過ごしているのが大学なのである。その間親は学費や仕送りをし、学生は遊びに使う分だけバイトをし、余った時間は遊んでいる。大学という制度さえなければ、「ボーッとしていてもしょうがないし、仕事でもするか」という発想になるのではないかと思うが、「大学生」という肩書が下手にあるおかげで何かやっている人であるかのような錯覚を本人にも周囲にも生み出している。

一方で一部の難関大学のブランドにはかなりの威力があるのは事実で、僕も中退こそしたが「東大」ということで一目置かれることは知っている。

僕を嫌っている人も「堀江は東大だ」という事実はそれなりのインパクトがあるだろう。そうであれば、大学は入学試験だけやるとか、就職コースと学問コースでわけるといった改革が必要なのではないだろうか。

情報を武器にする方法

「大学をなくしたい」のではない。人生における「無駄をなくしたい」のだ。

16 英語学習のコスパは高い

情報収集する上で不可欠なのは、英語を学ぶことである。なぜ英語が必要かといえば、単純に獲得できる情報量が飛躍的に増えるからだ。

グローバル化によって、個人が世界とつながり、世界で競争を強いられるようになった。

だから、情報収集の舞台も世界に移さなければならないのに、それができない日本人が多すぎるのではないだろうか？

すでに日本の「1人当たりGDP（国内総生産）」はイスラエルや香港に抜

かれていて、国全体のGDPも過去20年ぐらいほとんど増えていないのは、それが原因でもあるはずだ。

英語だけ覚えれば世界中の情報にアクセスできる。

そう考えれば、英語学習のコスパはとても高い。

さて、具体的にどんな勉強をすれば英語ができるようになるだろうか？　これは簡単で、単語の暗記に集中することだ。文法は中学、高校で教わったことで事足りる。

単語の量が絶対的に足りないから話せないのである。しかし、ただ漫然と単語を勉強しても効率は悪い。自分が必要としている分野に絞って単語を増やしていくことをおすすめする。

英語で情報を集め、思考を広げることができる人は単純に情報面で強い。人より情報を持っているというのは大きなアドバンテージだ。

そして英語を学んだら、英語ができる外国人と付き合ってほしい。新しい情報、知識をしゃぶり尽くすつもりでコミュニケーションをとるべきだ。

さらに外国人と接していると、単なる情報収集だけではわからないことが見えてくるはずだ。

人というのはバックグラウンドによって形成されている。日本で生まれた日本人だけで話し合っていると、お互いに日本の常識に縛られた範囲内でしか思考ができないのだ。

ちなみに、「堀江さんは、どのくらい英語が話せるのか」といったことをよく聞かれるので、「日常会話なら苦労しない」と答えているが、これは相手次第によるところが大きい。日本語でも相手がアホなら何も伝わらないし、真面目に話すこともない。コミュニケーションの原理原則は変わらないはずだ。

情報を武器にする方法

英語のメリット。①世界中の情報にアクセスできる。
②日本の常識がおかしいことがよくわかる。

17 個人が世界進出する時代。英語で情報を吐き出せ

先に、英語を話せるようになることで、得られる情報が膨大になり思考も広がるということを話したが、情報を発信する際にも、そのメリットは計り知れない。

世界を相手に勝負できるようになる。今は「個人で世界進出」は当たり前の時代だ。

世界進出といったって大層に考えることはない。モノやサービスの顧客がただ日本以外の人になっただけだ。僕も世界進出の構想をめぐらせている。

たとえばひとつ手始めにできることは書籍の翻訳である。すでに『ゼロ』(ダイヤモンド社)は中国語版、韓国語版ができているが、僕は日本で活動してきたのでやはり中国や韓国の方に僕の本を読んでもらうのはハードルが高いだろう。

そこで今、考えているのが絵本である。西野亮廣くんが絵本で大成功を収めたのを「パクる」形なのだが、海外展開する上でビジュアル中心のほうが言葉の壁を乗り越えやすい。絵本の内容のベースは、最近の本の中で一番ヒットした『多動力』(幻冬舎)である。

ちなみに、ストーリーはこんな感じだ。「これからAIやロボットが普及する世の中でどうやって子育てをしていけばいいの?」と悩んでいるシングルマザーのお母さんと小学生の子どもがいる。子どもは学校になじめなくて悩み、スマホゲームにハマり、そのままスマホの中に入ってしまった。そこは「多動力」の世界で、同じような仲間がいて、賢者がいて、お姫様がいて、悪者がいて……と、いろんな出会いがあり困難も立ちはだかるが、仲間たち皆で多動力を発揮して成長していく物語。こんな予定で進めている。

もちろん、実際に翻訳される絵本は各国の言葉だが、まずは売り込んだり、広めたりするためには、英語が話せれば問題ないだろう。

英語で自分の思いを伝えられるということは、通訳など誰かを介して伝えるのと、数十倍、数百倍も伝わる情報量が違う。相手による、ということは大前提になるのだが、やはり伝達度の差はあるというのが実感だ。

もちろん、通訳がいればラクだし、細かい契約やお金に関してのことなどは、専門的な通訳がいたほうがいい。それに、不得意な分野は誰か得意な人に任せてしまえ、という考えにも基本的には賛成だ。

ただ僕は、面白そうなプロジェクト、魅力的な人がいたら、そういった場で直接コミュニケーションをとりたいし、何よりそのほうが話も早い。間違いも少ない。自分で話して進めているから、結果に納得もできる。

僕のことを「コミュニケーション嫌い」と思っている人も多いが、それは的外れな思い込み。「頭が悪い人とのコミュニケーションが嫌い」なだけだ。でもそんなの、皆同じだろう。自分が刺激を得られる人とはどんどん情報を交換したい。やはり、情報を得るにも発信するにも英語が使えるメリットは大きいなと改めて思う。

繰り返しになるが、とにかく英語で誰かとコミュニケーションをとれればいいのだ（特に自分のフィールドや得意分野で）。文法がどうとかTOEICが何点とかは、実践の場では何の役にも立たない。

英語で情報を浴びて、狩り、世界に発信できれば、あなたの前にはまた違ったポジティブな道が見えるはずだ。それは「未来を見抜く」といい換えることもできる。自分の情報を、意思を持って発信できれば、より広い未来を予測できることになるのだ。

情報と情熱を翻訳できるようになれ！

情報を武器にする方法

18 情報の掛け算でブルーオーシャン化させる

僕はいつも「やりたいことをやれ」といっているが、それでもなぜか「どうすればいいんですか?」「何をやればいいんですか?」と不思議な質問をしてくる人がいる。

いや、それ僕は知りませんし、あなたがやりたいと思うことをやるのが成功への一番の近道です、と思う。

そうやって聞いてくる人たちは、ある程度やりたいことはあるのだろう、と感じる。

でも、本当にそれでいいのか？　何とか失敗しない方法はないか？　ちゃんとお金を稼げるか？　ということが心配なんだろう。

これに対して絶対といえる答えはないが、確実性の高い方法はある。

それは、「ポジションを掛け合わせる」ということ。

いい換えるなら、「新しいポジションをつくってしまう」ということだ。

少し前なら、僕は若い女性タレントやグラビアアイドルの方に会ったら、いつも「経済を勉強しなよ！」とアドバイスしていた。

当時「経済×アイドル（女性タレント）」は、昔から「需要はあるのに供給が足りていない分野」だった。

経済に詳しいアイドルなら、アシスタントなどとして経済番組なんてすぐに決まるだろう。さらに経済雑誌の「社長に聞く」みたいな企画の聞き手として引っ張りだこになる。

今となっては、この手のタレントは多くなったが（逆に飽和状態なぐらい）、昔は引く手あまたになるのは目に見えていたのだが、誰もやっていなかった。

だから、いろんな人に「経済のことを少し勉強して詳しくなったら。がら空きだよ、ここのポジション」とよくすすめていた。

ここまでの話は、僕がこれまでいろんな場で紹介してきた藤原和博さんの「100万分の1のレア人材になろう」のインスタント版といえるだろうか。3つの分野で「100分の1」の人材になって、その3つを掛け合わせれば、「100万分の1のレア人材」になれるという成功法則だ。

ここで述べているのは、3つを掛け合わせるのが難しいなら、今持っている情報をふたつ掛け算するだけでも、自分のポジションは築けますよ、という話だ。

以前、ゴルフのコンペをやったときに黒田カントリークラブさんというゴルフ芸人が来ていた。

黒田さんは一般的な知名度はあまりないと思うが、ゴルフの営業で引っ張りだこだそうだ。

黒田さんの仕事はコンペに来ている人たちを盛り上げ、楽しませること。ゴルフがうまい必要もない（実際はうまいのかもしれないが）。逆にうますぎると、出場者より目立ってしまうので、営業的にはよろしくない。

仮に、こうしたゴルフの営業で1回呼ばれて20万円とする。ゴルフのコンペは、土日だけでなく平日もやっているから、月20件こなせれば、月収400万円だ。かなりの稼ぎになる。

「芸人」×「ゴルフ」などでブルーオーシャンをつくることで、しっかりとお金を稼げる可能性があるのだ。

こうした方法は、芸人さんやタレントさんの話だから特別と考えがちだが、この考え方はビジネスをはじめいろんな応用の仕方がある。

たとえば本屋。僕は、10年以上前から、奥渋谷の地で、SHIBUYA PUBLISHING & BOOKSELLERS（SPBS）というおしゃれ本屋さんを子会社で経営している。

当初から、本屋だけでは経営が難しいと考え、「シェアオフィス」「貸ミーティングスペース」「イベントスペース」「スナック」「レンタルボックス」「雑貨店」などを掛け算して、複合技で黒字化経営を達成している。

要は、本屋を「本を読む（本が好きな）比較的知的レベルの高い人たちが集まる場所である」と再定義したことで、何を掛け合わせれば、ちゃんと儲けることができるのかが見えてきたのだ。

実はこれが応用できる業界はいろいろあって、僕が本屋でやったやり方の水平展開は、ほかの業種、業界でも、いくらでもできると思っている。

銭湯なんかは、アイデアしだいでいくらでもブルーオーシャン化できるものだし、実際に新しい銭湯が流行りはじめている。皆さんも自分の仕事に置き換えて、一度考えてみてはどうか。

情報を武器にする方法

アイデアに行き詰まったら、今ある情報を再定義してみる。ブルーオーシャン化は必ずできる。

19 「知識の差」は「情報の差」

「ホリエモンは、何でも知っている」、そんなイメージがあるらしい。でも、あえて反論したい。別に、僕がボーッとしている間に、情報がひとりでにやってきてくれるわけじゃない。自分でマメに「調べている」から知っている、というのが正しい表現だろう。

そもそも、僕は調べることが好きだ。ネット検索で、大方の事柄については知ることができると思っている。もちろん、人に実際に会って、リアルに話を聞いたほうが、深みのある情報に触れることができるのはいうまでもない。

とはいえ、基本的な知識の吸収という面でいうと、ネット検索でかなりの程度まで事足りるはず。だから「調べられることは、1人でちゃんと調べよう」と声を大にして伝えたい。

情報を調べず手つかずにしておくことで、貴重なお金や時間を「搾取」されている人は思いのほか多い。「忙しいから」「ほかのことに集中したいから」などと理由を並べて、わずかな手間を惜しむ。それは時間の倹約ではなく、思考停止状態だと指摘したい。

具体例を挙げると、「格安SIM」がある。これは携帯キャリアに周波数を強制的に貸し出させる制度で、このユーザーになると携帯料金を格安にできる。

ある調査によると、大手3キャリアのユーザーが毎月平均7876円支払っているのに対し、格安SIMのユーザーは平均2957円ですんでいるという。計算すると、年間で約6万円の差になる。この「6万円の差」が、「知識の差」「情報の差」なのだ。

世の中は、知識や情報を握っている人たちが、そうでない人、つまり「情弱」な人たちから、お金を吸い上げる構造になっている。しかも、そのやり口が巧みなため、搾取される側は、それに気づくことができない。いい換えると、「賢い人」が「情弱」から搾取をすることで社会が成り立っている。これは、現代版の「身分制度」と呼んでもいい。

「現代日本で、身分制度なんてあるわけないだろう」

そう疑問に感じる人もいるかもしれない。だが、冷静に考えてほしい。

実際のところ、格安ＳＩＭの存在さえ知らずに、高い携帯料金を払い続けている人が人口の大半であることが、そのよい証拠ではないだろうか。

格安ＳＩＭの普及が進んでいない原因には、リアルな店舗がない、少ないということもあるだろう。情弱の人たちは、ネット経由で調べたり、質問を投げかけたりすることが苦手だ。だからリアルな店舗でリアルなスタッフに教えてもらえない仕組みには、アレルギー反応を起こしてしまうのだ。格安ＳＩＭに限った話ではないが、突発的なトラブルが起こると、自力で解決できず、立ち往生するか、誰かに助けを求めるというのが、情弱の特徴。だから、いいカモにされてしまうというわけだ。

「その他大勢のカモ」「現代社会における金ヅル」から脱却したかったら、自分で適切な情報を取りにいくことをクセにするしかない。

思考停止に陥っていないか判断する、よい方法がある。「1週間で新しい発見をしたかどうか」、振り返ってみればいい。新しい発見がないのはかなりヤバい。「情弱予備軍」だ。とにかく、何でもいいので、新しいことを発見したら行動してみてほしい。その積み重ねが、面白いアイデアにつながったりする。

僕だって、そうやって日々を積み重ねている。その結果「ホリエモンは、何でも知っている」と形容されるのなら、あなただって「何でも知る」ことは簡単にできるはずだ。

情報を武器にする方法

搾取される側になるな。
自分にとって、新しい「何か」を発見するクセをつけろ。

20 情報なんて合理的に処理すればいいだけ

人生なんて、情報なんて、合理的に考えるだけでうまくいく。これが僕の信条だ。だから、あれこれ余計なことについては考えない。具体的にいうと「自分の力でどうにもできないこと」や「他人の言動や人生」について、考える必要なんてない。

「冷たい人だ」と思われるかもしれないが、それは違う。「自分のこと」だけを集中して考え、できる範囲で行動を変えるほうが、周囲を幸せにできるからだ。

余計なことを考えはじめると、ついついネガティブな感情に引きずられ、時間をロスしてしまいがちだ。今風の言葉でいうと「エモい」、つまり感情に支配されるモードこそ、思考停止に導かれやすく、非合理的な思考に陥りやすい。だから、「エモさ」に引きずられないよう警戒している。そんな僕の生き方を認めてくれた人が、２人いる。

１人は、東大時代の恩師、船曳建夫先生だ。船曳先生は、文化人類学者で有名な教授だ。僕が東大を中退したあとも船曳先生とは交流があった。

たとえば２００６年、某大物政治家の次男への選挙コンサルタント費用の振り込みを僕がメールで指示したのではないかという疑惑事件が起こった。そんな渦中にあるとき、僕は運よく船曳先生と話す機会に恵まれた。そして、こう明かした。

「僕は毎日何百というメールを送ってるから、もしかしたら書いたかな？　って思っちゃうんですよ……でも、合理的に考えて、自分がもしメールを送るなら、あの文面は書かないだろ――と結論づけたんです」

話し終わった瞬間、先生は優しく微笑んでくれた。その笑顔に、僕はどれだけ勇気づけられたかわからない。

もちろん、僕は実際のところ、そんなメールなんて送っていないし、完全に「シロ」だった。でも、あることないことをマスコミに書かれ、面白おかしく事実を誇張して報道されているうちに、心身共に疲弊しきっていた。そんな状態だったから、先生の優しさがひときわ身に沁みたのだ。

それから約6年後。船曳先生があるインタビューで当時を振り返り、「堀江君の特性は、徹底した合理主義」「理屈で考えて、理屈に合わないものには、一切屈しない。あの首尾一貫というか、ブレなさは大したものです」、そう評してくれていたのだ。

当時の船曳先生は、「メールを送るなら、あの文面は書かないだろう」と結論づけた、僕の思考法そのものが面白く感じられたという。船曳先生いわく、普通の人は「どうやったら追及をかわせるか?」「もしかしたら自分が悪いかも?」と考えると。でも、僕はそうではない。判断基準は、「合理的かどうか」だけ。「世間の人や堀江君には悪いけれど（笑）、いかにも彼らしくて何だか笑っちゃいました」、記事にはそう書かれていた。僕は、「徹底した合理主義」という言葉を、最大級の褒め言葉として受け取らせてもらっている。

もう1人、けんすう（古川健介）くんも、僕の合理主義的な態度を認めてくれた。彼とは、ライブドアで一時期を共にしたことがある。その彼が、ウェブメディア『新R25』に、次のような思い出話を寄稿している。

「2004年のライブドア時代に、えんぴつを買うのにも厳しく言う、というくらいコスト意識には厳しかった堀江さんですが、ロジカルな説明があると、どんな役職の人の意見でも聞いてくれるという面がありました。（中略）学生でアルバイトでいた私の『したらば掲示板のブログテンプレがほしい！』という案などはすぐOKをもらえました。合理的な理由がある場合は意思決定が早いというのがすごかったです」

合理的という言葉を聞くと、「ドライ」「冷酷」「血も涙もない」みたいなネガティブなイメージを抱く人も多いかもしれない。けれども、実際はそうではない。特にビジネスの現場のような、多くの人の利害が絡むようなところでは、冷静に迅速に、最適解を提示していかなければいけないことが多い。応援してくれる人が増えてきたり、リーダー的な立場になればなるほど、問題を処理するスピードも要求される。決断すべき事柄が多すぎて、ひとつひとつの問題に時間をかけすぎてはいられないからだ。

感情を排して、今ある情報を合理的に考えるだけで、ゴールに早く至ることができる。それは、クヨクヨする時間を短縮し、自分の時間を節約することにもなる。人生の大半を「どうでもいい思考」にのっとられないためにも、合理的に考えることを習慣化してほしい。そもそも「ダラダラと考えること」に価値を置きすぎる人が多い。「将棋の『長考』じゃないんだから」とツッコみたい。考える暇があれば、新鮮な情報を「狩猟」したほうが断然いい。

情報を武器にする方法

合理的に生きるからこそ、本質的な事柄が見える。自分にも周囲にもメリットがある。

第3章

誰でも技術を簡単に学べる時代

情報の価値をどう高めるか

21 技術は、もはやただの情報

今の時代、スマホやインターネットの発達によって魚の捌き方などの調理の技術を効率よく学べるようになった。その結果、技術の持つ価値がどんどん下がっている。有名な一流の料理人とされる人も、最近は修業経験がほとんどなかったりする。

僕は「WAGYUMAFIA」といって日本の和牛を世界に紹介するプロジェクトを行っていて料理の中でも特に肉に詳しい。肉というのは、切り方によって味が大きく変わるのだ。

肉は筋や脂肪の塊である。それを包丁で筋肉のまわりの脂肪を削ぎ落として、筋を取って、肉の繊維に沿って丁寧に切っていく。これを専門用語で「磨く」という。ちゃんとセオリー通りに磨かれた肉はそうではない肉と比べ格段にうまいものとなる。

そう説明すると、やけに難しく聞こえるだろう。何年も修業した人が「肉っていうのはさ……」などといいながらうんちくを垂れれば、皆「ハハァ」といって頭が上がらないだろう。ところが、この肉を磨く技術というのは、それほど難しいものではなく、魚を三枚に下ろすのと同じように毎日やっていたら誰でも覚えられるものなのだ。

このことを見抜いたのが焼肉店の牛角を運営しているレインズインターナショナルの創業者、西山知義《ともよし》さんだ。西山さんはもともと不動産業をやっていた人だ。西山さんは門外漢であるにもかかわらず、焼き肉チェーンでなぜ成功できたのか？

成功のカギは、肉磨きをアウトソーシングしたことにある。

それまでの肉磨きは、職人だけが許される敷居の高いものとされていた。肉磨きは入店1日のアルバイトにできるものではないとしても、それほど難しいものではないということを知った西山さんは、「こんな感じでカットしてほしい」と業者に任せ、あらかじめカットしてもらった肉を真空パックに詰めて仕入れたのだった。

すると肉の仕入れ値は高くなったが、店でカットする手間がなくなり、アルバイトだけで店を回せるようになったのだ。肉磨きの職人を雇うコストがなくなったため、牛角は焼き肉を安価に提供できるようになり、その上、肉の味も均質化され、ブランド力を高められるようになった。結果、牛角はわずか6年で日本最大の焼肉店チェーンになった。

技術とは、もはやただの「情報」なのだから、知られてしまえばそれでおしまい。もし習得に時間がかかるのであれば、パッケージ化されたものを買ってくればいいだけ。それまでの焼肉店では、店の職人だけが肉磨きの技術を知っていて、難しいものであるかのように見せていたが、西山さんはそれを知らなくても店が回る仕組みをつくり出したのだ。

動画全盛のこの時代。技術格差はなくなったといっていいだろう。「○○作り方　動画」「△△　方法　動画」などと検索すれば、大体の動画は出てくる。やってみる、チャレンジできる環境は間違いなく整っている。そして、この状況はさらに加速していくだろう。

以前に元ＬＩＮＥの森川亮《あきら》さんが、「職人じゃないとつくれなかったものが、一般の人もつくれるようになるから。そうしたら、あとは『感性』の世界になるんです。技術じゃなく、感性勝負に」と話していたが、まさにそれだ。

そして、その「感性」を僕なりに言語化したひとつの答えが、次項にまとめた通りである。参考にしてもらいたい。

情報を武器にする方法

「技術」の価値が暴落したことを忘れてはいけない。

これからは「感性勝負」の世界に突入する。

22 価値を高めるには、ストーリーを潜ませろ

この間、秋元康さんが主催するパーティで和牛のプレゼンをした。秋元さんが「お金は俺が出すから、とにかくやってほしい」というから、僕はヒレカツサンドをつくった。するとこれが大評判で、秋元さんは5つもかぶりついてくれた。

このとき披露したヒレカツのひとつは、尾崎牛だった。尾崎牛は知らない人も多いだろう。尾崎牛の「尾崎」とは、宮崎県で牛を育てている尾崎宗春さんという人の名前に由来する。幻の和牛と呼ばれ、数々の一流店が注目している

ブランド牛で、ジューシーなうまみのあるやわらかい赤身が特徴だ。尾崎牛はもともと高額だが、さらに肉磨きをするから歩留まりは60％ぐらいになり、その結果、このヒレカツサンドは1箱1万円以上になる。けれども、食べてくれる人がいるからビジネスとして成立している。

では、なぜこの和牛ビジネスが成立しているか。どうやって和牛を売ればいいか。

それは、和牛にストーリーという「情報」を載せられるかがカギになる。

たとえば、わかりやすいのは「希少性」だ。尾崎牛は年間数百頭しか市場に出回らない。そして、尾崎牛が「なぜ出回らないか。なぜうまいか」ということを熱く説く。説明すると長くなるから省くが、秘密は主にエサの製法にある。

「だから、尾崎牛はうまい！　超貴重！」というストーリー（情報）を載せる。

いってしまえば、「和牛ではなく、情報を食わせる」ということになる。

これをわかりやすく取り入れているのが、博多ラーメンチェーンの「一蘭」だ。

今や有名な、1人ずつ区切られた「味集中カウンター」システムは、誰かと行っても会話らしい会話はすることができない。

となると、待っているときに暖簾の上に書いてある「うんちく」を見てしまう。すると福岡の小郡《おごおり》で会員制のラーメン屋の味を引き継いだ歴史あるラーメンであることや、味は創業者がラーメン店で修業せずに日本全国の和食店を食べ歩いてつくったものということもわかる。この情報を、僕も含め常連は、暗記するくらい覚えているのである。

皆そうだろうが、ラーメン屋を選ぶとき、あまりコストパフォーマンスを重要視しない。むしろ味が好きだからとか、こういうバックグラウンドがあるとか、できればそのラーメン屋にストーリーがあったほうが選ばれやすいのだ。一蘭の場合、ほぼ全員が半強制的にそのストーリーを覚えるので、この口コミが伝わりやすいのである。選ばれる第一の要素を満たしている。これで、さらに期待感が増して、普通においしいラーメンが、さらにおいしく感じるのである。

お客さんは「ラーメンを食ってるんじゃない。情報を食ってるんだ！」ということ。実はこの言葉、漫画『ラーメン発見伝』に出てくる台詞で、飲食ビジネスの成功法則を端的にあらわしていてすごく印象に残っている。

人は情報に寄ってくる。ただいいサービスや商品をつくっているだけでは、お客からは相手にされない。その熱狂的なストーリーを、どれだけ口コミで広げられるかにかかっている。幸運にも今の時代はＳＮＳをはじめ、その手法はいくらでもある。個人でも組織でもコミュニティでも、それは可能だ。

モノが売れない、サービスが広がらない、自分が評価されない、そんな弱音を吐く前に、この「ストーリー」を意識して行動してみてほしい。きっと現状を打開するきっかけになるはずだ。

情報を武器にする方法

人は「面白い」と思えばお金を出す。
モノに「ストーリー」を載せて売ることが、大事。

23 情報を魅せろ！

今や天ぷら業界は、「天ぷら2・0」の時代といっていい。2015年、麻布十番に「たきや」という店がオープンした。主人の笠本辰明さんは、「ザ・リッツ・カールトン東京」の天ぷらコーナーで名声を高め、日本料理「ひのきざか」総料理長まで務めた一流の料理人であり、「たきや」はオープン当初から注目され、一気に人気店の座を獲得した。

笠本さんは独学で天ぷらを追究した。素材の旨みを最大限引き出す調理法を編み出し、素材の水分量にまで気を配り、一番おいしい状態を見極めて揚げる。

伝統的な江戸前のようなごま油ではなく、紅花一番搾りの油を使い、衣は薄く、軽い。

そんな「たきや」の最大の特徴は、「断面萌え」である。同店の看板メニューである「牛肉の大葉巻き」は、半分に切って出し、衣、大葉、赤身の和牛が織りなす美しい断面を見せてくれる。

また、笠本さんがザ・リッツ・カールトンの「ひのきざか」時代から出していたというウニとサクサクの衣が溶け合う絶品の「ウニの海苔巻揚げ」でも、断面を見せてくれる。泳いでいる姿そのままで出してくれる稚鮎の天ぷらもフォトジェニックだ。

写真映えする「たきや」の天ぷらは、SNSで話題になってまたたく間に予約の取れない店になった。

誰もがわかっている通り、今はSNS動画やインスタの時代だ。情報を拡散させるには、これが効率的かつ効果が大きい。

となると、あらゆる情報をどう「魅せる」か、ということがポイントになる。

料理人なんかは、皿にどんな情報を載せられるかというアイデアでしのぎを削っているのだが、もはやそれだけではダメで、その情報をどう魅せるかまで考え抜かなくてはいけない。料理は、パッと見でわかりやすいし、うってつけだ。感覚的にこれを意識できている料理人は流石だと思う。

味がおいしい、技術があるのは当然の条件。これだけにこだわっている時点で時代遅れだ。味に自信があるから食べてもらえばわかるなんていっている割に流行っていなかったりする店があるし、いつの間にか潰れてしまう店も多いのがその証拠だ。

常識で商売をやっていたら置いていかれる。普通すぎては、何も手に入らない。

情報を武器にする方法

動画や写真で「視覚」に訴える情報へのこだわりが、気づけば大きな差を生む。

24 情報を真似てみる

新商品や新サービスを生み出したいとき。「ゼロから生み出すこと」「今までにないものをつくること」を前提にしているため、結果を出せない人が多い。

はっきりいって、それは攻略不可能な「無理ゲー」に近い。今まで市場になかったものや、類似例の存在しないものをつくってヒットさせようだなんて、ハードルが高すぎる。

ビジネスにおいては、まず「近しい情報を真似てみる」というのが王道だ。

それは決して恥ずかしいことでも、志が低いことでもない。

たとえば、現在の日本酒の立ち位置を例にとって考えていこう。

世界のアルコール市場の中で、日本酒が圧倒的に過小評価されているという事実をご存じだろうか。もっともハイグレードな純米大吟醸であっても、4合瓶が1本約5000円。この価格が相対的に見るといかに「安い」か、ワインと比べてみるとよくわかる。

では、日本酒の価格はどうすれば、上げることができるのか。「まずはワインの真似をすること」が王道だ。ワインの製造、流通、マーケティングなどについて調べ、その方向に日本酒を「寄せていく」ことができれば、日本酒も同じような顧客を取り込めるはずだ。

実際、僕は日本酒を高く売りたくて、ワインについて徹底的に調べたことがある。その結果「すぐ実践すればいい」と思える具体的なモデルをふたつ発見することができた。

ひとつは「オークションを行うことで価値を高めて価格を上げる」という手法だ。ワインについては、よくよく調べると世界各地でオークションが開催されている。中でもカリフォルニアの著名なワイン産地、ナパ・ヴァレーで開催される「プレミア・ナパ・ヴァレー」というオークションはすごい。参加できるのは、業界関係者のみ。出品されるのは、市場では出回らない特別仕込みの樽詰めのワインのみだ。このオークションで高値がついたワインは、ブランド力が高まり、その産地や業者のステータスまで上がる。

その結果、副次的な効果で、比較的安価なワインボトルまでより高く売れるようになる。このオークションという仕組みを日本酒でも早急に導入して、業界全体で「価格の底上げ」を図るべきだろう。

ふたつ目は「熟成させることで、希少価値を高めて価格を上げる」ということ。「熟成」という言葉には、「歳月をかけました」というプレミアム感、高級感がある。従来の日本酒の大半は、熟成はしていない。だから、日本酒も熟成させればいいのだ。そんなシンプルな理屈で、すでに僕は試行錯誤を重ねてきたのだが、日本酒は熟成させることが可能だ。ただしネックになるのは「温度」だ。日本酒を常温で熟成させると失敗したときに「おしっこ臭く」なってしまう。数多くの実験を経て「低温熟成」という方法が適していることがわかった。

ここまでの話はわかりやすい例だが、近い業界の情報でなくても、ときには接点のないモノ・サービスも参考にできるはずだ。アイデアに煮詰まったとき、自分のアンテナにひっかかった情報は試す価値があるということだ。

逆にいえば、そうした情報を常に頭にストックできていないようではダメだ。「あのパターンは使えそうだな」とか「あれに置き換えられないかな」などと、その時点では正しいかどうかはともかく、即思いつくぐらいでないといけない。

周囲を見回すと大ヒットした、普遍的な、モノやサービスなど「成功モデル」は無数にある。それらのいいとこ取りをするつもりで、「特徴的なところ」を吸収するように意識してほしい。

情報を武器にする方法

「既存の情報」と「手持ちの情報」を掛け合わせればいい。それだけで革新的なものが生まれる。

25 「情報」だけでなく「情熱」も持っているか

以前、メルマガにこんな質問が寄せられたことがあった。

「三重県と秋田県の蔵元を知っていて日本酒の輸出業を始めようと思っています。（中略）私は20代前半の若者で、孫正義社長のように『30代で1000億の軍資金を』と考えています。日本酒の輸出市場にそのレベルの可能性はあると思いますか？」

これに対して、僕は次のように回答した。

「（前略）そもそも日本食レストランに行って日本酒があまり置いていないっ

て問題意識です。イタリアンレストランに行ったら、普通はイタリアワインを飲むでしょ？　日本人の感覚はさておき、外国人のマインドから考えたら日本食レストランに行ったら日本酒を飲みたくなるのが普通です。でも大手メーカーのたいして美味くない日本酒しか置いていないんですよ。（中略）小売業なのでビジネスも小規模になるため、孫さんみたいになりたいのなら無理ですね。日本酒を広めたい意欲が高くないんだったら、たぶんうまくいきません」

そもそも日本酒の市場規模は４４００億円程度だ。業界トップの白鶴酒造でも10％のシェアもない。日本酒で１０００億円はまず無理である。この程度のことなら、ちょっと調べればすぐにわかるはずだ。

日本酒を製造する会社は国内に１０００社以上もひしめいていて驚くほど多様である。出荷量自体は長らく低迷しているが、海外輸出は伸びている。僕はこれから低評価に甘んじてきた日本酒が復活する可能性を感じたのだが、この質問者からそれは窺えない。

たまたま僕の話を聞いて、「儲かるかも！」と思ったのだろう。最初から金ありきで「1000億円」なんていう人を、僕は好きになれないし応援できない。1000億は無理でも、自分の好きなことで1000万でも1億でも儲けられたら素晴らしいではないか。

孫さんが19歳のときに「人生50年計画」を立てて、「30代で軍資金を1000億円貯める」という目標を課し、今や世界有数の資産家になったのは事実だが、その前に情報革命を起こしたいという誰よりも強い熱意があったはずだ。僕自身も起業したときには事業を大きくしたいと思っていたが、インターネット革命に参加したいという熱意があったし、おもちゃを見つけた子どものように熱狂していた。

熱意がなければ、やはり人は動かない。僕もこれまでに拝金主義者だと思われたことはあったが、儲かれば何でもいいわけではない。

情報というのは、知られればそれでおしまいという側面がある。材料やノウハウ、仕組みなど、成功している人を真似すればそれなりのものはできるだろう。だが、情熱がなければ続かないし、人にも伝わらないのだ。人の輪がどんどん大きくなるためには核になる人間の情熱や熱意、愛情が必要だ。

もう、情報は誰にでも平等にある。

それをビジネスに生かし、成功できるか否かは、ここで話したような「情熱」「熱意」にかかっている。

とはいっても、別に「頑張る」とか「努力」とか、暑苦しい根性論的な話ではなく、(もちろんそれも必要だが)自分が主体的に行動できる「好きなこと」「ハマれること」「得意なこと」なのかということがもっとも重要だ。ここを勘違いしてはいけない。

これからの「情報平等時代」は、「情熱」で差がつくし、「情熱」でしか差がつかない、と思ったほうがいい。

情報を武器にする方法

ビジネスへの原動力は、「面白い」という直感と情熱。うわべの「情報」のみでは、モノにはならない。

26 技術に固執するな。最高の情報を仕入れろ

詳細は省くが、数年前にツイッターで「寿司職人になるのに長い修業は必要ない。センスのほうが大事」といったことをつぶやき、論争が過熱しニュースになるほど「炎上」した。

僕の主張は、そのときからまったく変わっていない。

昔からよくいう「飯炊き3年握り8年」というのは、寿司職人が増えすぎないよう、見習いにノウハウを教えないための方便にすぎない。

寿司を握る板前は花形職だから、なりたがる人は大勢いる。そんな夢見る若

者になるべく給料を払わず、こき使うのに「お前な、飯炊き3年握り8年っていってな」と親方がたしなめていたのである。

実際、今でもある超高級寿司店では、3年の修業を終えてようやく卵を焼かせてくれるというが、僕からすれば「ありえない」の一言である。人気店はそういうこともできるのだろうが、働いている若者たちがあまりに気の毒だ。

僕自身、寿司屋で修業をしたことはないが、和牛の寿司を握っている。僕の友人の「ステーキハウス　けん」を経営している井戸実さんも寿司職人としてキャリアをスタートしている。その彼も「寿司を握るのは簡単」という。

井戸さん自身、寿司屋で働いていた頃は、1日18時間くらい働いて仕事を教わっていたそうだが、そういう風潮は井戸さんの世代が最後で、人手不足の今はそんなことをやっていては若者が集まらない。

では、寿司屋の良し悪しを決めるのは何かというと、それは「素材」と「仕込み」だ。

たとえば対馬の砂地で育っているアナゴとか、天草のエビとか、五島列島の神経締めしたカンパチ……。そういう貴重でうまい素材に詳しい寿司屋が、成功する。

要は一流の寿司屋は、味つけや仕込みに関する「最高の情報」を握っているのである。

では、情報はどうやって仕入れればいいのかというと「探究心を持つこと」だ。

僕自身、和牛の店をやっているから「うまい和牛の料理を出すには、良質の和牛を飼育している生産者から仕入れる必要がある」と学び、和牛に自然と詳しくなった。和牛料理屋で下積みなどしたことはないが、世界のセレブがやってくるほど店を成功させた。

もう寿司屋は、お店でただ黙々と握っている場合ではない。

これって普通に考えれば、当たり前のことだ。要は、技術は誰でも習得できるし、テクノロジーにも代替できる。

寿司をうまく握れる人ではなく、日本各地の港や漁師、市場に顔が利き、新鮮でおいしいネタをできるだけ安く（もしくはあえて高く）仕入れることができる人が一番強い、ということだ。

親方は別に寿司を握らなくたっていい。常にお店にいなくたっていい。寿司屋に行くお客さんはとにかくおいしい料理が食べたいのではないだろうか。これまで見たことのないアイデアあふれる料理を体験したいのではないだろうか。寿司職人の技術が見たい人、昔ながらの雰囲気を堪能したい人は、そういった店に行けばいい。

これからは、寿司屋の中でも「情報格差」が広がっていき、どんどんと明暗がわかれていくことになるだろう。

情報を武器にする方法

技術なんてさっさと学んで（もしくは代替して）、「情報の仕入れ」に全力を傾ければいい。

第4章

アウトプットするから情報が価値を持つ

「見切り発車」がすべての質を上げる

27 アウトプットを試みることが、天職との出会いになる

僕はもともと、飲食店で仲間とワイワイ食べることが大好きで、グルメガイドのアプリをつくったりしてきた。ただ、お店で出されたおいしいものを食べる、つまり「インプット」するだけでは飽き足らなくなってしまった。

「自分でアウトプットしたい」、そんな欲求が高じて2016年には「WAGYUMAFIA」というユニットを、和牛のバイヤーである浜田寿人さんと結成。赤坂の和牛専門のカウンター割烹、目黒のカツサンドバーなどを開業するに至った。ユニットのコンセプトは、「和牛」という日本の伝統的な食材を、

世界中に広めたいという一点に尽きる。

「アウトプットをするからには、徹底的にこだわって一流を目指す」

僕は「肉磨き」から「和牛」について学びはじめた。

何といっても、キャリア豊富な浜田さんが相棒としてタッグを組んでくれているのだから、心強い。彼はアメリカで農業研修に参加したり、数多くの肥育現場を視察したりしてきた。おまけに和牛の通販サイトまで運営していた人だから、師としてこれ以上の人はいない。僕は和牛に情熱を傾け、情報を吸収していった。

「実際に始めなきゃわからないこと」というのは山のようにある。「今まで勘違いしていたこと」だって多い。でも小さな失敗を重ね、「マジか……」と驚きながらも、試行錯誤していく。そのプロセスは、とてつもなく楽しいものだった。

たとえば肉の「等級」ひとつとってみても、発見の連続だった。肉の等級といえば、「歩留まりにはA、B、Cの3種類があって、Aが最高」「肉質の等級は1から5まであって、5が最高」と覚えている人が多いのではないか。でも、最高ランクであるはずの「A5」の肉を食べてみても、なぜかあまりおいしくないことがある。

じつはランク付けにはカラクリがある。A5の「A」というのは歩留まり等級だから、味とはさして関係がない。牛の体から、皮や骨、内臓などを取り去った「枝肉」から取れる可食部が多いほど、歩留まり等級は高くなり「よい牛」とされているけれど、おいしさとは無関係なのだ。こんな「プロにとっては常識だけれど、一般的にはあまり知られていないこと」に、僕は山ほど直面した。「実際にアウトプットを始めること」には大きな価値がある、と痛感することができた。

おかげで、「WAGYUMAFIA」の噂は海外にまで飛び、口の肥えた超グルメなお客さんがひっきりなしに訪れてくれるようになった。それだけじゃない、世界の名だたるトップシェフが、こぞってプライベートで店に遊びにきてくれるようにもなったのだ。

また、僕が「シェフ」として、愛用のブッチャーナイフ（業務用肉切り包丁）と和牛をひっさげて、海外のイベントに遠征することも増えてきた。

「堀江さんは、和牛の調理を専門に学んだわけでもないのに、なぜそんなにうまくいくのか？」と、秘訣をよく尋ねられる。答えは簡単。情報収集を終えたら、人前でリアルに「アウトプット」する。このサイクルを大切にしているからだろう。僕の場合、「シェフの姿をして、お客さんの前に立ち、和牛メニューを提供すること」を意識的に続けてきた。それが、和牛のよさを広めるのにもっとも効率がいいと実感しているからだ。

実際、海外イベントにシェフの格好でビシッと決めて参加し、高級なブッチャーナイフで肉磨きをしていたら、皆が僕を「一流シェフだ」と信じて頼ってくれる。「シェフ！」なんて何度も声をかけられるうちに、「俺は敏腕のシェフなんだ」と、いい意味で勘違いをして、モチベーションを上げることができる。

もっとも、シェフだからといって、たとえばキャベツの千切りなんて、やろうと思わない。キャベツの千切りは、テクニックのあるほかのシェフやスタッフに任せておけばいい。電動の高機能なスライサーだってある。僕の人生の貴重な時間を使って、「千切り」の技術を今から習得することに、意味なんてない。

僕が尽力すべきは、プロデューサー的な役割やトータルなコーディネート、既成の概念を超えたアイデアを提供することだと自覚している。

たとえば、異素材を組み合わせて、創作メニューをよく提案している。2種類の高級食材をアドリブで掛け合わせ、「これ食ってみ」と差し出すと、「さすがシェフ！」と外国語で驚嘆してもらえたりする。「人は自分の役割をきちんと見極める必要がある」と、つくづく感じる。

そんな意識で動いていると、海外の三ツ星レストランの超有名シェフと親しくなれることだってある。「あなたの包丁を貸してほしい」と頼まれ、愛用の包丁を渡すと「さすがの日本クオリティ」と感動してもらえた。また、肉の磨き方は刃物で大きく左右されるから、数十万円もするような銘刀の世界にも詳しくなった。

つまり、和牛を少人数の仲間たちと「うまい、うまい」といって食べるだけだった側から、世界中の和牛を愛する人たちとディープな幸せな時間を共有できるようになったのだ。こんなにエキサイティングな変化って、あるだろうか？

受け身の態度でインプットをするだけなら、誰でもできる。読書や買い物を楽しむことしかり、既存のサービスを享受することしかり。

しかし、できることならアウトプットする側にも回るべきだ。どんなジャンルのことでもいい。自分が時間を忘れて楽しめていることなら何でもいい。誰にだってひとつやふたつあるだろう。

本気でアウトプットするために一歩踏み出せば、そこにはきっと、頭とハートをフル回転させたくなるようなワクワクする世界が広がっているはずだ。そして、それが天職になることは、これからの時代、必ず増える。

情報を武器にする方法

アウトプットするには「見切り発車」でいい。

走り出すうちに、新たな知見が増え、質も上がる。

28 情報を行動に変えてこそ、アウトプットは完成する

ここで、アウトプットをビジネスに生かすことを具体的に考えてみよう。

とはいっても、別に難しいことをするわけではない。アウトプットとは、情報を吐き出して終わりじゃない。その情報を行動に移してこそアウトプットといえる。

では、突然だが、ここで皆さんに問題。

最近、僕が面白いなと思っているのが街の銭湯である。

銭湯は1968年の約1万7999軒を最高に減少傾向が続き、2015年

には4293軒まで減っている。ところが、日本に旅行に訪れる外国人の間で銭湯の人気が高まっている。

水着も着用せず裸で他人と風呂に入ることは欧米ではまずなく、珍しがられているそうだ。

では、ビジネスとしての銭湯はどうだろうか。

とある銭湯は1日の平均利用客数は100人に満たないという。入浴料金は、東京は2018年現在で460円となっている。単純に100かけると、1日の売上は4万6000円。タオル代、サウナ代などを足しても5万円ぐらいだろう。水道料金や湯を沸かすのに費用もかかるだろうし、いくらなんでも儲からない。

この銭湯に活気を取り戻し、ちゃんとビジネスとして成立させるためにはどうしたらいいか。

皆さん、アイデアはいくらでも思いつくのではないだろうか。

たとえば、銭湯を宿泊施設に改装して貸し切りでAirbnbに出してみたらどうだろうか？　あれだけ広い風呂がついている部屋など世界のどこにもないだろうからかなりの希少性がある。

僕が運営しているオンラインサロンでは、銭湯で「ビールかけ」をやったら流行るのではないかという意見があった。たしかにビールかけをできそうな施設というと、銭湯以外に思いつかない。変わった打ち上げや催し物には使えそうだ。ほかに出た意見に移動式銭湯というのもあった。客が来ないなら、こっちから行って入ってもらうのだ。

客単価を上げられないのであれば、無人化してコストを下げるというのもひとつのアイデアだろう。

会員制にしてスマホでQRを読み込んでドアのロックを外せば、番台がいらなくなる。そうすれば、営業時間を延ばすこともできるはずだ。

また、会員制にしてフリードリンクにするなどしたら、銭湯がコミュニティとして成り立ちやすくなるだろう。

というように、本当に銭湯ビジネスを成功させたい、銭湯でブームをつくりたいと思っているのなら、あとはアウトプットするだけだ。

もちろん、これらのアイデアは完璧ではない。すべてがうまくいくとは限らない。でも、やることでしか、アウトプットは成立しないのだ。

面白いことに、ちゃんとアウトプットをすれば、必ず新たな発見があり、さらなるインプットがついてくるようになっている。どんなビジネス、どんな分野でもそうだ。

逆にいえば、行動で示さない限り、近い未来さえも予測できないしわからないということだ。ただ頭で考えているだけでは、それは「予測」でも何でもなく、単なる自己満足にすぎない。

さて、この銭湯ビジネス、誰か本気でやってみたらどうか。

情報を武器にする方法

行動で示さなければ、近い未来さえも予測できない。時代から取り残される一方だ。

29
あなたの「名案」に、価値なんてない

この章では、特にアウトプットの重要性を話しているが、多くの人が陥っている「勘違い」のわかりやすい例をひとつ紹介したい。

以前、メールマガジンに次のような質問が寄せられた。少し長いがまず読んでほしい。

「最近、メルカリなどで象徴されるように、無価値に思えるような様々なモノに価値が付けられるようになってきています。ここの質問コーナーを見ていて感じたのですが、質問にも価値を与えられないかと考えました。具体的には著名人に質問できるトークンエコノミーを作り、質問者は任意の額を支払い自分の質問したい人に質問を投げかけ、一般に公開します。その質問を見て自分もその質問の答えを聞きたいと感じた人はその質問自体に投げ銭をします。回答者は質問の価値が上昇した時点で回答する事でトークンインセンティブを得ることができます。そうすることで双方にメリットが生まれ、新たなコミュニティが生まれると考えたのですがいかがでしょうか」

僕はこの質問に一言こう答えた。

「すでにあるよ、それ」

中国で運営されている「知乎（チーフー）」というQ＆Aサイトである。それで以前、日本でも同じようなものをやりたいという人が僕のところに来て、「一緒にやりませんか？」といわれたことがあった。

日本でも「モナバコ」というサービスがあって、質問者はモナコインをつけて質問を送ることができて、回答者はその質問に答えた時点でそのモナコインをもらえる。先に紹介した佐藤くんが経営しているメタップスのタイムバンクでも類似のサービスがある。

この質問者はきっと「ヤバい、すごいことを思いついた！」と思って僕のところに質問してきたのだと思うが、まったく同じアイデアが実は何年も前から実現されているのだ。

これは本当によくある話ではないだろうか。


そして、ビジネスでもどんな世界でも、誰かが何かを成功させたとき必ず聞こえてくる、「それ俺も考えていたんだよね」「そのアイデアだったら誰でも思いつくよね」といった負け惜しみ的な声。

それは、その通りなのである。皆さんも感じている通り、アイデアなんて所詮そんなものなのである。

だが、ほとんど人はそのアイデアを思いついた時点で、なぜかアウトプットという行為を終了させている。「あとでやればいいや」「このタイミングじゃないか」「まだまだ準備が足りないしな」など、あらゆる言い訳を並べて。これって非常にもったいないことである。

また、僕のところには、昔から「アイデアを買ってください」という依頼が山のように届けられる。「こういうアイデアがあるんですが、僕には技術も金もありません、堀江さん、技術と金をください」という具合だ。

だが、アイデアに価値なんてないのだ。それはただの「勘違い」。極端な話、僕が黙ってそれをパクッたらそれでおしまいである。僕はそんなことはしないが、それ以前に同じようなことを思いついた人は世界中に大勢いて、すでに実現されているということが大半だろう。

だから、何かアイデアを思いついたら、それを自分でつくらなければ（行動に移さなければ）意味がない。

だからこそ価値が生まれるのだ。

たとえば、2018年6月にリリースされた「ONE」というスマホアプリである。このサービスでは、当初、「どんなレシートでもスマホで撮影して送ってもらえれば1枚10円で買い取ります」という触れ込みでスタートした。

申し込みが殺到して1日でサービスが一時停止してしまったが、その後も、続々と画像の買い取り企画を打ち出している。

どういうビジネスモデルかというと、画像の買い取り資金を企業からの広告費用として捻出しているのだ。たとえば、スマホで車を売れるアプリ「DMM AUTO」と提携し、ガソリンスタンドのレシートを30〜100円で買い取るといった具合だ。

冒頭の質問者だって、アイデア自体はパクッたっていいのだから、それを本当にやりたいのだったら、それでも勝てる新しいビジネスやサービスを考えたらいいだけだ。ダメなのは、自分の頭の中だけにあるアイデアを最高だとただただ勘違いしている、その姿勢なのだ。

情報を武器にする方法

アイデアは、自分で実現してこそ価値がある。
そこまでやることが「アウトプット」である。

30 大して好きじゃないことだから仕事にできない

先に僕は「大学はいらない」と述べたが、大学だけでなく、小・中学校や高校が行う教育の9割は意味がないと思っている。

だって、学校で教えている情報のほぼすべてはググれば出てくるようなものなのだから。一方で仮想通貨のような、今本当に役立つようなことは学校で教えてくれない。

そんなことはまともな大人であれば知っているはずだが、誰も認めようとしない。

僕は有言実行型の人間だから、「大学はいらない」といえば、それを証明するためにＨＩＵをつくったし、「高校はいらない」ということを証明するためにも新しい高校をつくった。それが「ゼロ高等学院」、通称「ゼロ高」である。

ゼロ高は２０１８年10月に開校した新しい高校だ。すでに多くの人から注目を集めている。ゼロ高は通信制高校の仕組みを使い、高校卒業資格の取得をサポートする。

普通の親は「高校くらい出ておけ」というから、そういう「親ブロック」をされないように気を配っている。

校訓は「座学を目的とせず、行動を目的とする」として、ＨＩＵのサポートの下、たとえば「宇宙ロケットの開発・発射」「和牛の生産・販売」、ほかにも「すし職人になるための技術や経営方法」「ファッション」「エンジニアリング」「村づくり」「シェアオフィスづくり」を学ぶなど、生徒たちにはいろんな体験をしてもらう予定だ。学費は、３年間１３８万円程度で私立高校よりも断然安い。

僕の思いつきで展開するのではなく、元日本マイクロソフト社長の成毛眞さんやリクルートのトップセールス出身で教育改革実践家に転じて中学校や高校の校長の経験のある藤原和博さんなど、多くの有識者に顧問に就いてもらっている。

今の学校教育というのは、子どもが何をしたいかよりも形を整えることを優先していて、親もそれが正しいと思い込んでいるからやっかいだ。そんな現代の学校教育に一石を投じたい。

たとえば、今、仕事がＡＩやロボットにどんどん奪われるのではないかという議論が活発だけれども、僕はそうではなくて、「今、仕事として認識されてないものが仕事になるだけだ」と思っている。

たとえば、江戸時代の日本では人口の85％が百姓だったから、当時のほとんどの人の仕事は農業だった。

ところが、農業は生産性が高まり、海外からの輸入などで衰退していって、高度成長期以降はトヨタをはじめとする製造業が日本人の仕事になった。その製造業も今後はＡＩやロボットの発達で労働者を抱えられなくなる。やがてべーシックインカムのような制度が普及し、働かないでも生きられるようになるだろう。

そうすると伸びてくるのは、遊び産業である。労働時間が減ったり、労働する必要のない人が増えたりすれば、その人たち向けに「遊び」を提供しなければならなくなる。すでに今、プロのゲーマーが活躍するeスポーツや夜遊び経済を新聞が取り上げるようになってきた。

だから、親がゲームをするなといって子どもを叱るのは僕から見ればバカなことだと思う。子どもがゲーム好きならどんどんやらせて将来のために才能を磨くべきだと思う（もちろん、ゲームである必要はなく、何でもいい）。

「好きなことをやるのはいいけれど、将来はいったいどうなるんだ？」

こんな反論をする人には、プロサッカー選手、本田圭佑のツイートを読ませたい。

「好きな事だけでは食っていけない。これ違う。大して好きじゃないから食っていけるレベルに到達できないのであって、時間を忘れるくらい好きな事ならどんな事であっても必ず食っていける。」

僕は本田選手と対談をしたことがあるが、彼ほどいい意味で「日本のプロスポーツの常識にとらわれていない人」はいない、と尊敬している。

世の中には「ああしなければならない」「○○の資格が必要だ」という「常識」という情報が無数に存在しているが、その大半は嘘であり幻想である。既得権を持った「ギルド」の連中が楽にメシを食うためにもっともらしいルールを張りめぐらせているのがこの世界の実相だ。それを高校生に実践を通じて学んでほしい。

本来は若いうちほど、将来のために猛烈に好きなことに没頭したり、思いっきり遊んだり、とにかく「実践」するべきなのだ。

情報を武器にする方法

「遊び」を真剣に教える学校があってもいい。
新時代に必要なのは「遊び」の情報。

31 情報をパクられたら、それはチャンスの証

「情報の価値」を最大化するには、その情報をなるべく多くの人と共有することである。

たとえば、僕の価値を最大化するためには、僕のことを知っている人をできるだけ増やすことだ。

そうすれば、僕が何か発信すれば、多くの人がそれを知ることができるようになる。

僕が何か新しいビジネスを展開するときにそれは役立つだろうし、僕の知名

度を頼っていろいろな人が僕のところにやってくるだろう。それによって僕を中心とするよい循環が生まれる。

僕は協業している相手がNGでない限り、仕事の情報も基本的に公開するようにしている。

話しすぎてあとで注意を受けることも少なくないが、大したことではないと思っているから平気だ。

「情報をパクられたらどうするのか？」と思う人もいると思うが、パクられたっていいではないか。いいモノ・サービスをつくれば、遅かれ早かれパクられるのは時間の問題だ。

いずれはパクられるとわかっているのであれば、最初から率先して情報を公開したほうがよい。人間は忙しい。やることは山のようにあるのだから、効率を優先するべきだ。

パクる側とパクられる側でどっちがいいかといえば、「パクられる側」のほうがいいに決まっているだろう。パクられる側はオリジナルであり、パクるほうはフォロワーである。つまり、パクられる側のほうが強いのだ。フォロワーがオリジナルをいくら表面上真似したところで、核の部分を真似することはできない。むしろどんどんフォロワーが増えてくれたほうが話題性が高まり市場が急拡大し、スタートダッシュが速くなる。

今はSNSがあるから、どこかで誰かが発信した価値ある情報は瞬時に世界に広まる。そんな中で秘密をつくろうとしたって土台無理だし、意味がない。そうであれば、最初に情報を発信するべきだ。まさしく、早い者勝ちだ。大きな（最初は小さくてもいい）輪の中心に常に自分がいれば、情報が拡大する中で最大限の恩恵を自分が受けることができるようになるだろう。それは僕が身をもって体験していることなのだから、間違いない。

情報を武器にする方法

誰かにアイデアをパクられたら、「むしろありがたい」と感謝する。パクられるが勝ち。

32 文章なんて、スマホで片手間書けばいい

「ひとつのアウトプットの形として、何か書いてみたらいい」と助言したとき。必ずといっていいほど返ってくる「できない言い訳」がある。

「忙しくて、書くための時間がとれないから無理！」

こんな言い訳には「書くこと＝時間がかかる」という思い込みが潜んでいる。きっと「書くときは、パソコンの前にきちんと座って、姿勢を正して取り組まなければいけない」ととらえているのだろう。「書くための時間がとれない」なんて悩みは、あってないようなものだ。

というのも、僕の執筆スタイルは「ベッドで寝転びながら、スマホでフリック入力」だ。その文章の長さは、メールのやりとりレベルの話ではない。毎週のメールマガジンも、書評サイト用の文章も、短編小説の原稿さえも、すべて寝転びながらスマホで書き切っている。

「だらしがない」「文章を書く姿勢ではない」と批判する人もいるだろう。でも、アウトプットをするときに大事なことって、何だろうか。それはもちろん、一にも二にも、「質」であるはずだ（そこには当然「納期を守ること」も含まれる）。

反対に、「質」さえよければ「製作過程のスタイル」なんて、誰にも問われない。

極論をいえば、酩酊しながら書いた文章でも、タクシーでの移動中に、スマホで文字通り「片手間」に書いた文章でも、まったく構わない。「書くための時間がとれない」と、いつまで経っても書き出さないより、断然いいだろう。

まずは「書くこと＝時間がかかる」という心理的なブロックを、外してみてほしい。そんな心理的な制約は、不毛すぎる。「アウトプットに着手すらできない」という状況は、完璧主義が生み出す最大の弊害だ。なんなら、僕の実際の執筆速度を、励みにしてもらってもいい。

たとえば書評サイト用の文章は、400字詰め原稿用紙4～5枚に相当する。いつも10分で書き切るようにしているが、フリック入力がもっと上達すれば5分前後にまで短縮できる自信がある。「高校時代をネタにして短編の私小説をリレーで書く」という企画に参加したときは、1時間で仕上げることができた。もし「そのまま連載で書いてほしい」というオーダーが来たら、1日で1冊分は書けると思う。

もちろん、「書くのが速い分、文章が粗い」なんてことはまったくない。「わかりにくい」「面白くない」なんて指摘を受けたことも一度もない。むしろその逆で、編集部からは「速いうえに内容が面白い」と感謝されるほどだ。

実は、ここにも落とし穴がある。一般の人が文章を書こうとするとき、次のようなことを考えはじめると、ますますアウトプットから遠ざかってしまう。「誤字や脱字があったら、恥ずかしい」「固有名詞を間違えたら、バカと思われるんじゃないか」「事実関係の記述をミスッたら、大変な問題になるんじゃないか」……。

もちろん、アウトプットの完成度は高いに越したことはない。でも、「仕事」じゃなければ100点満点を目指す必要はないだろう。万一誰かから指摘を受けたら、むしろ「ありがたい」。注目されていることに感謝すればいい。間違いについては、あとから直せばいいし、リカバリーなんていくらでも可能だ。その点、スマホのフリック入力は優れている。実際に文字変換をしてみるとよくわかるが、予測変換は優秀だわ、著名人の氏名の変換も的確だわ、「ミスが発生しにくいシステム」になっている。

パソコンの前でかしこまって文章を書くより、むしろ快適で効率的だ。

メールのやりとりやSNS上での発信の速さに代表されるように、「いつでも、どこでも、すぐやること」が、現代のキーワードであることは間違いない。

あなたが「ド真面目な態度で慎重に取り組むこと」で、誰も得しない。誤字脱字なんて気にしない。「小さなミスなんて、織り込み済みだ」と発想を転換してしまえばいい。そして、アウトプットの内容の質（本質的な面白さやあなたらしさがあるかどうか）と、スピードを追求してほしい。

「本質的に面白いこと、あなたらしいこと」をどんどん発信することで初めて、誰かに影響を与えることにつながり、「何者」かになれるはずだから。

情報を武器にする方法

文章でも何でも、「今すぐ、とにかく、形にすること」が何より大事。

33

常識に逆張りする

僕はＪリーグのアドバイザーとして、「メディア経由でサッカーの魅力を伝える」というミッションを担っている。全国各地の試合に実際に足を運び、Ｊリーグファンの裾野を広げるお手伝いをしている。

こう切り出すと、「サッカー」という球技の魅力や、選手たちが織り成すドラマについて話すのかと思われるかもしれない。だが、そんなことはない。Ｊリーグのクラブが、集客や人気を獲得するためにどんな取り組みをしているのか、また新たにどんな施策を打てばいいいか、ここでは紹介したい。

常識の「逆張り」で成功している好例、また成功の可能性が高い方法だ。

一般的な常識とはかけ離れた発想で運営をしているクラブほど、結果的に「顧客ファースト」となり、ファンの満足度を上げ、スタジアムへのリピート率を上げ、経営的に見ても成功している。

「プロサッカーの試合なのだから、相手チームに勝てばそれでよいではないか」という話ではない。極端なことをいうと、Ｊリーグのクラブはサッカーの面で必ずしも「強い」必要はない。

それよりも、試合に実際に応援に駆けつけてくれるファンを多く獲得し、経営的に「強い」ほうがいい。

そのほうが、あとから実力もついてくる。この法則は、プロ野球チームの広島東洋カープの例を見れば、納得してもらえるはずだ。15年ほど前の広島東洋カープを思い出してみてほしい。当時は本当に弱くて、近年の「3年連続リーグ優勝」という快挙と比べると、感慨深いものがある。

カープが突然強くなった原因は、マツダスタジアムにあると僕は見ている。

スタジアムとは、単なる「試合が行われる場所」ではない。ファンが夢を共有し、楽しい時間を過ごす場所なのだ。

そこが整備され、飲食店などのサービスの質が上がれば上がるほどファンは増えるし、それに付随してチームの成績だって上向いていく。「ホームグラウンドでファンが享受できるサービスの質」と「チームの成績」の間には、確固たる相関関係が存在する。

Jリーグのクラブから学びたい事例や僕の提言を、ここでは4つ挙げる。常識にとらわれない視点で読み進めてほしい。

集客や人気獲得や、ブランディングに役立つはずだ。どんな職種、どんな業種の人にも、参考になるだろう。

ポイント1　非ファン層の取り込み

ひとつ目は、「非ファン層」にも好まれるような工夫をすること。

サッカーでいうと、「彼氏に連れられてきただけの女子」が、ユルいファンに相当する。彼氏が熱狂的なファンなので、（あまり気乗りしないけれども）ついてきただけ、というケースはあるだろう。

けれども、いざ訪れてみると、スタジアムの雰囲気がよくて、女子トイレがピカピカに整備されていて（もちろん個室の数も多くて）、楽しい記憶を残せたら。今度は女子だけでリピートしてくれる可能性も大いにある。

「メインターゲットを大事にする」というのがビジネスの常識的なセオリーかもしれない。けれども、メインターゲットではない層にも、「好かれる」取り組みができれば勝ちだ。「非ファン層」も潜在的な「ガチのファン」だととらえておけばいい。

ポイント2　常連化させる

ふたつ目は、また来たくなるシステムを仕掛けること。僕はそんな取り組みを「常連化させる」と呼んでいる。

たとえば、アルビレックス新潟は、一時期、無料招待券を積極的に配っていた時期がある。もちろんこれには賛否両論あるだろうが、チームの成長のために戦略的に行うのなら、ありだろう。

こういった手法は、ネット上のソーシャルゲームで豊富に展開されているので、勉強してみればいい。リピート回数に応じて、特典の内容が変わるのも面白いはずだ。

たとえば、1回目に来てくれたお客さんには無料チケットを配る、2回目のお客さんには景品を配る。そして3回目のお客さんの場合「友達を連れてきたらキャッシュバック」など、大きな特典を用意する。すると、そのお客さんは年に何回も通うコアなファンになるだろう。

飲食店の手法でいうと「常連が増えると客単価が上がる」という法則もある。それほど、お客さん全員が常連化するよう仕掛けていくのは大事なことだ。

「入場料をタダにはできない！」なんて、ヘンな常識に凝り固まる必要はない。

ポイント3　VIP待遇

3つ目は、一流の人たちを「特別扱い」して取り込むこと。ポジティブな意味での「えこひいき」だ。「えこひいきがある＝VIP待遇がある」と事前にわかっている場所は、たとえ少々値が高くても、一流の人たちが集まってきてくれる。お金のある成功者は、多少の出費なんて痛くない。それよりも、不快な環境で長時間過ごしたり、ぞんざいに扱われたりすることのほうを避けようとする。

有力者や著名人が集まっている、とわかると、ほかの多くの人たちのあこがれが自然と高まり、面白いことに客足も増える。だからこそ、VIP向けの空間を特別に設けて、発信していくことが大事なのだ。VIPたちは、そこを喜んで「社交場」として利用してくれるだろう。

ポイント4　混雑緩和

4つ目は、渋滞や混雑とは無縁の仕組みをつくること。

「普段はのどかな土地柄なのに、試合の日は道が大混雑だった」

地方のスタジアムだと、こんな話が聞こえたりする。人が集まるに越したことはないが、こうした混雑が嫌でリピーターにならない人だっている。これでは、常連化させることができない。

たとえば駐車場の問題を見てみよう。地方で開催されるJリーグの試合のとき、駐車場は「無料」であることが多い。「無料＝サービス」という常識があるからだろう。

けれども皮肉なことに、駐車場が無料だからこそ、大渋滞が起こるのだ。

その点、V・ファーレン長崎を率いる高田明社長はすごい。「akippa」というネット予約ができるシステムを駆使して、スタジアムの駐車場を有料化し、予約制にしたのだ。おかげで、「駅からスタジアムまでいつもの3倍の時間がかかる」「選手がキックオフに遅刻する」というようなありえない事態を回避することに成功した。

試合後の混雑緩和も大きな問題だ。そこで僕は、スーパー銭湯をつくることを提案した。そうすれば「ひと風呂浴びて、ご飯も食べて、お酒を飲んで、ついでに泊まっていこう」という人が増えるはず。混雑がピークシフトされることは間違いない。高田社長にもそのような構想があるらしく、「2023年までにホテルをつくる」と話していた。

「混雑のときは、お客さんにじっと耐えてもらうべき」、そんな常識でいると、あっという間に時代に取り残されてしまう。

このように、Jリーグの周辺のビジネスモデルを「常識の逆張り」視点で観察してみると非常に面白い。そして、その感覚をあなたの得意分野でも生かしてほしい。

情報を武器にする方法

「常識と逆の発想をしていくと成功につながる」ということがどんな分野でも、すでに「普通」になりつつある。

第5章

おかしな情報はスルーする

「常識という嘘」に毒されるな

34 講演会、セミナーに行く人、就活する人は「常識という嘘」に毒されている

効率の悪い情報収集の最たるものがセミナーとか講演会の類である。特に僕はそういったオファーが実に多いが、そのほとんどは断っている。なぜかというと、僕を呼びたがるのは決まって情報商材系の連中だからである。情報商材自体は下火になったが、今もその残党は活発で仮想通貨など何か新しいネタが出てくればどこからともなく湧いてきて、詐欺まがいの商売を始めるのだ。

そんな連中のセミナーにのこのこ出かけた人に「堀江も情報商材の連中と同じだ」なんて思われたり、僕の名前につられて怪しげな情報商材を買わされて

「堀江に騙された」なんていう人が出てきたりしたら。僕がこれまで築き上げてきたものは台無しである。

だいたい講演会に行って「堀江の話を聞きたい」というスタンス自体がおかしいのだ。僕に関心を持ってくれたら、僕の著作やメルマガを読むのが一番である。もしくは、ＨＩＵに入ってくれれば、何かプロジェクトを一緒にできるかもしれない。

講演会に行ったところで、僕が話す内容は著作やメルマガに書いてあるのとまったく同じである。わざわざ人の話を聞きに出かける時間をつくって交通費もかけるのはコスパが悪いし、非効率だ。

それでもわざわざ僕に会いに来て話を聞きたがる人間というのは、それによって何かすごい情報が見つかる可能性が高まると思うのだろうが、そんなことはない。情報の本質は人から聞こうと、本で読もうと、ネットで見つけようとどれも同じである。だったら、効率のよい方法を選ぶべきだ。

彼らが期待しているのはライブ体験だろう。実際にホリエモンに会って話を聞いた、質問をしたという実績を自分の中につくりたいのだ。だが、僕に会うこと自体が目的になってしまって、それで満足してしまったら意味がない。「ホリエモンに会ってよかった」などと思っただけで終わったら、何も残らない。著名人の講演やセミナーに行けば、すごい情報が手に入るという「常識という嘘」にいい加減気づいてもらいたい。

と、ここまで書いていて、「就活」のことを思い出した。これも一緒だなと。僕は就活をしたことがないし、ライブドア時代も新卒採用をやらず、即戦力を通年で採用していたし、今はオンラインサロンで、僕と何かしたいという人が千数百人いるから、人を雇用するということ自体もなくなってしまった。

そんな感じでこれまで僕は、就活に縁がなかったから特に感じるのかもしれないが、皆がある時期に一斉にリクルートスーツを着て、自己PRや志望動機を練って会社に並んで面接を受けるという今の就活に薄気味悪いものすら感じる。それってセミナーや講演会に行く連中と同じではないか。

これも「常識という嘘」に毒されてしまっているから起こっているのだ。皆で一斉に横並びで同じことをやったって、自分の価値が高まるはずがない。講演会やセミナーに行くぐらいなら、気になるオンラインサロンに試しに入って自主的に行動してみればいい。合わないなと思ったら退会すればいいだけじゃないか。

自分がやりたい仕事があるなら、別に大企業や会社である必要はない。気になる人の元や組織、コミュニティで一度働いてみればいいではないか。

自分の価値を高めるためには、まず世間でいわれている「常識」を取っ払って行動することが必要なのだ。それができなければ、いつまで経っても搾取される側のままだ。

情報を武器にする方法

常識という言葉に騙されてはいけない。
常識を信じ込まず、どう行動するか決める。

35 ご立派な媒体のエラい人の記事にも、おかしな情報は多い

世にいうご立派な媒体の中にも「変な情報」は紛れ込んでいる。

たとえば、ある新聞社が配信した記事に「お金持ちのプライベート・フィナンシャルプランナーを長年務めてきた」という人物がおかしな記事を書いていた。その記事によれば「お金持ちは携帯やメールを気にしない」のだという。たいていのことは自分の「右腕」に任せており、細々としたことに煩わされることはないのだとか。だが、僕からいわせてみれば、はっきりいってスマホで自分で情報収集したほうがよっぽど効率がいい。

今のニュースアプリはＡＩを搭載していて自分の関心に合わせて最新のニュースを配信してくれたり、記事の内容を3行で要約していたり、ツイッターでフォローしている人がつぶやいたニュースをまとめていたりと、機能満載だ。部下があれこれ忖度して新聞記事の切り抜きを持ってくるより、そっちのほうが早いし情報量が多いに決まっている。

また、その記事では、「お金持ちは車の運転中にはオーディオテープを聞く」そうだ。テープの内容は大経営者が著した名著や公演などで「富裕層はドライブ中も時間を無駄にせず、格好の勉強時間にしています」という。僕の場合は、タクシーでの移動がほとんどだから、ずっとスマホで情報収集や仕事をしている。自分で運転していたら、音しか聞けなくてもったいないし、テープに集中していたら事故のリスクもある。

さらには、「お金持ちは会食には会員制レストランを利用する」という。「昼夜の会食では、サービスが行き届き、スタッフとも顔見知りで気張らない会員制レストランを利用。細かいことに気がつきやすいので、どんな扱いを受けるかわからない店には行かない」とのことである。これも笑ってしまった。同じ店ばっかり行っていたら世界が広がらないではないか。

僕は毎日食べ歩きをしていて、そこからうまい店を探せる「TERIYAKI」というグルメアプリを生み出した。僕は純粋においしい料理が好きだ。また、それを人に紹介することにも意味があると考えている。

この人物はお金持ちかもしれないが、こんなにもインプットもアウトプットもしない人間が、魅力的といえるだろうか。

そして、何より一番の問題は、「名前」や「肩書」だけで、こんな記事をありがたがり鵜呑みにして、何も疑問を感じず受け入れてしまう「思考停止」状態の人が、僕が思うより多く存在するということなのだ。

情報を武器にする方法

情報発信元の肩書に惑わされてはいけない。おかしな情報はどこにでも紛れ込む。

36 主義主張を押しつける情報ほど、邪魔なものはない

人間なのだから、人と意見が違うのは当然である。だが、自分の意見を人に押しつけてくる者がいるから信じられない。

僕はツイッターのフォロワー数が多いので、何かつぶやくと必ずといっていいほど反論が来るが、最近だと特に「ヴィーガン」に関するツイートで反響があった。

ヴィーガンとは「絶対菜食主義者」のことである。野菜しか食べないのであれば、「ベジタリアンと変わらないのではないか？」と思われるかもしれない

が、ヴィーガンの場合、「人間は動物を搾取することなく生きるべきだ」という信念を持っており、卵や牛乳、はちみつ、ゼラチンも食べない。それだけでなく、動物性の素材を使用しないのが彼らのポリシーで革製品の靴やバッグ、財布を使わず、ウールの服やシルクの下着、毛皮のコートを着ない。洗顔料やボディーソープ、化粧品なども動物性由来のものは一切使わないという徹底ぶりだ。

実はこのヴィーガンは世界的に流行しており、ある調査によると、肉を食べない、または消費量を減らしている人が世界人口の70%に上り、ヴィーガンも過去3年の間に600%増加したという。これを報じたネット記事を僕が紹介して「ヴィーガンとかまじ健康に悪いと思うよ。そして、うまい肉をたらふく食べるのが最高よ。劣悪な環境でそだった肉はマズイからね。」とツイートすると、いつものように論争に発展したのだった。

さらに最近ではフランスで一部の過激化したヴィーガンによる肉屋や魚屋、チーズ店への襲撃事件が多発しているという報道があり、その記事のリンクをつけた上で僕は「ヴィーガン放っておくとこうなる説濃厚。まだ日本では勢力小さいうちに芽は摘んでおくべきと思う。」とツイートし、話題となった。

僕がいいたかったのは「一人で黙ってヴィーガンしてる分には構わんよ」「ひっそり菜食主義でやってる分にはいいんですが、周りに勧めたりする活動が困りもんなんですよ。」と過去にツイートした通りだ。

僕自身は和牛が大好きで、和牛料理店を経営し、和牛の世界輸出までやっているが、僕は何もヴィーガンに肉を食べてほしいのではない。一般の人が肉を食べにくくなる世の中になってほしくないからいっているのだ。

この手の思想が、下手に政治的な力を持ってしまうのは危険だ。実際に、クジラは捕鯨反対論者が世界で主流派となってしまい、クジラ肉もほとんど食べられない事態となっている。ヴィーガンもメジャーになってしまうと、僕らは肉を食べられなくなってしまう恐れが十分にある。だから、マイナーなうちに潰さなければならないのだ。

牛肉や豚肉に含まれる「動物性タンパク質」には、体内でつくることのできない「必須アミノ酸」がバランスよく含まれており、植物性タンパク質よりも体内への吸収率が高い。肉が健康にいいということは間違いないのだ。

ヴィーガンの話と同じように、「外食は健康に悪い」という意見がある。僕は、ほぼ毎日外食しているが、その様子をツイートすると、必ずといっていいほど「外食ばかりだと太りますよ」といってくる人がいる。僕がちょっと太り気味なことと外食ばかりしていることに特に関連性はない。

僕は健康で長生きしたいと強く願っているが、普段から好きなものを食べて、お酒もたくさん飲んでいる。矛盾しているのではないかと思われるかもしれないが、全然違う。

健康というと「野菜をたくさん食べましょう」「お酒を控えましょう」といった啓蒙がなされるが、そんなのに気を遣ってもしょうがないのだ。うまいもん食って、よく寝て、好きなことをやっていれば、人間はそれで健康になる。

たとえば、心臓病の危険因子の中で「肉体」が占めるのは40%くらいだという。その肉体の危険因子の中で食生活が占めるのはさらに一部にすぎない。健康は「肉体」「精神」「社会」の3つの要素で決まる。

「社会」というのは、「社会とのつながり」のことである。年老いても好きなことをやって、社会とのつながりを保っていれば人間はそれだけで長生きできる。だから僕は肉を山ほど食うし、好きなだけ酒を飲む。その代わり、仲間や同志とワイワイやりながらだ。

そして、これはあくまで現時点での僕の主張。皆にやってほしいと思うが、押しつける気は毛頭ない。

皆がこのスタンスで情報と接すればいいではないか。主義主張は人に押しつけるものではない。そんなものは生きていくには邪魔な情報でしかない。

情報を武器にする方法

主義主張の情報は基本、真に受けない。押しつけてくる情報は徹底的にスルー。

37 もっともらしい健康情報に振り回される情弱

僕は昔から誰かに「ああしろ」「こうしろ」といわれるのが苦手だ。

わかりやすい例だと、「食事はバランスを考えましょう」とアドバイスしてくる人である。

僕は彼らのことを「栄養厨」といっている。

栄養厨ははっきりいって自己満足でしかない。特に僕にとって迷惑なのが、僕が大して好きではない納豆をゴリ押ししてくる「納豆厨」である。

納豆厨は「納豆にはタンパク質が豊富に含まれている」と主張する。だが、タンパク源なら獣肉がベターである。

一般的に、糸引き納豆1パック（50グラム）に含まれるタンパク質は、8・3グラム。一方、同量の牛肩ロース、豚ロース、若鶏モモに含まれるタンパク質は、それぞれ6・9グラム、9・7グラム、8・3グラムだ。

別に納豆を食べなくても、タンパク質の摂取は肉で代替できる。また、納豆厨は「発酵食品を食べると、腸内環境が改善する」と主張する。だが、発酵食品を食べるのだったら、ヨーグルトでもいいし、獣肉も塩麹漬けにでもすればいいのである。

だから、人間は納豆を食べなくても健康に生きられるのだ。わざわざ納豆をありがたがって食べる必要はないのだ。

そもそも僕は、納豆があまり好きではない。「納豆が好き」という人はご自由にどうぞとは思う。だが、僕に押しつけてこないでほしいのだ。

納豆には独特の雰囲気があって、健康にもよいとされる。それで一種の信仰のようになって、納豆信者は僕が「納豆は好きじゃない」といっても「良薬は口に苦し」などといって果敢に押しつけてくるのだ。僕はかつて離婚を経験しているが、元妻がまさにそのような人だったのだ。離婚の原因の5％くらいは、納豆にある。

そんな僕に対して、「堀江さんは本当においしい納豆を食べたことがないのかもしれない」ということでテレビ番組の企画で通常の3倍の72時間かけて熟成させた、2食入り600円程度の高級納豆を食べさせてもらったことがある。それだけの高級品とはいえ、特においしいとは思えなかった。気を遣って「いい納豆ですよ」といっておいたが、正直また食べたいと思うほどではなかった。

たまたま納豆のエピソードがあったからここでは納豆を例に挙げたが、健康によいとされるものは、世の中に山のようにあって、それを人に押しつけてくる人もたくさんいる。

だが、そのほとんどは自分たちの仕事をつくるためにあれこれと理論をこねくり回して、もっともらしくいっているにすぎない。

そんな「もっともらしい情報」に振り回されないようにしてほしい。それより、本当に健康で長生きしたかったら、社会とのかかわりを持つことが最善だ。

たとえば、地位が高い人は地位が低い人より平均寿命が7年も長いという研究データがある。その理由は、適度にストレスがあるからだそうだ。「過度なストレス」ではなく「適度なストレス」というのがポイント。

地位が高い人は総じて、退職後も社会との接点を持ち続ける人が多い。別に再就職しなくても、町内、自治会長、マンションの管理組合の代表などに就いたり、何かコミュニティに所属して人をまとめたりしている。

大体はこうやって退職したあともちょっと面倒なことをすることで、適度にストレスがかかって長生きできるのだ。

情報を武器にする方法

善意を装った「健康アドバイス」は、どんどんスルーしていい。

38 情報だけで死は防げる

前項が健康の話だったので、ここでは僕自身のことにも触れておきたい。

科学技術が進歩すれば、人の寿命は当然延びる。今は「人生100年時代」なんていわれているけれども、近い将来、もしかしたらそれよりもさらに延びる可能性も高い。

さらにいうと、僕が120歳まで生きることができたら、その頃には「200歳まで生きられる技術」が生まれているかもしれない……。

こんな夢想をしていると楽しいが、シビアなことをいうと、これからは「長生きできる人」と「長生きできない人」に顕著にわかれていく。

その明暗をわけるのは、当然「情報」だ。

若いうちから、健康になるための情報を獲得して実践している人は、長生きする確率が高くなる（もちろん、「もっともらしい健康情報」なんかではない）。

その反対も然りだ。

一方、よくある誤解が「お金があると長生きできる」という考え方だ。お金持ちの中には、大きな病気だと診断されたとき、「金はいくらでも出すから、絶対に治してくれ」と頼み込むような人もいると聞く。だが、健康については「お金で買えない」というのが実際のところなのだ。

もちろん、保険のきかないような高額治療を受けたり、自分1人の個室に入って快適な入院生活を送ったりすることは、お金さえあればいくらでも可能だろう。けれども、お金の力だけで根治できない病気は、残念ながら存在する。

だから、長生きをしようと思ったら、健康にまつわる正しい情報を手に入れて、それらを実践していけばいい。体が健康なうちからメンテナンスをして、トラブルの芽を摘み、整えていく「医療」の形。それを「予防医学」と呼ぶ。

この「予防医学」をどれだけ意識したか、実践したかで、寿命は確実に変わる。また、予防医学にコミットをするのは、若いときから始めるほどいい。20代、30代、40代。「体にまつわる悩み」なんて、まだない時期から少しずつ始めれば、勝負は断然有利になる。

健康に気をつけて生活することには、何の弊害もない。むしろパフォーマンスは上がるのだから、仕事面でもプライベート面でもプラスにしかならない。

昔に比べたら、最先端の「予防医学」の情報は驚くほど簡単に手に入る。こんなにありがたいことはない。

まず、すべての人に取り組んでほしい基本的な事柄は、次の通り。

今日、今年から始めてほしい。

◆働き方を見直し、改善する（24時間「長時間労働」から50年「長期間労働」へ）

◆毎日良質な睡眠をとる（自分の最適な睡眠時間を確保する）
◆タバコは万病のもと。喫煙習慣がある場合は、さっさと禁煙する
◆高血圧、糖尿病、悪玉コレステロール、不整脈を遠ざける（脳卒中の予防になる）
◆若くても脳卒中のリスクはある。脳卒中の初期症状を頭に入れて、見逃さないようにする（頭痛、半身のしびれ、脱力、目の見え方の異変、バランス感覚の異常）
◆健康診断は毎年きちんと受ける（20歳以上の女性は2年に1度婦人科検診を受ける）
◆予防できるがんは、予防する（ピロリ菌を除去して胃がんを防ぐ／40代からは毎年「便潜血検査」を受けて大腸がんを防ぐ）
◆脳卒中や心疾患を引き起こす歯周病は徹底的に防ぐ（半年に1度は歯科でクリーニングする／歯磨きだけではなく、フロスをかけることも毎日の習慣にする）

ちなみに僕は、これらの習慣に加えて「NMN」（ニコチンアミドモノヌクレオチド）という若返りのサプリメントを飲むことも2017年から日課にしている。

脳の視床下部にはサーチュインと呼ばれる、長寿や抗老化にかかわる長寿遺伝子があって、これを活性化させると全身の骨格筋を若返らせる指令が出される。

このサーチュインを活性化してくれるのが、「NMN」なのだそうだ。そのせいかわからないが「堀江さん、老けませんね」といわれるようになった。「NMN」はすでに商品化され、アマゾンでも購入できる。問題は価格だ。今のNMNは高価で、1日の摂取量で約7000円だ。そこで僕はリーズナブルに提供するプロジェクトに取り組んでいる。

こんなふうに、「予防医学」にまつわる最先端の情報を調べながら、コツコツ習慣化していくと、とても楽しい。

周囲に「予防医学」のことをカミングアウトすれば、「最近元気そうだね」なんてフィードバックをもらえて、いいモチベーションになる。

誰だって、病気への恐怖が消え、検診を受けるのも通院するのも、面白く感じられるだろう。「医師の診察を受けることを怖がり、手遅れになる悲劇」も防げることになる。

僕は「情報だけで死は防げる」ということを多くの人に知ってもらいたい。健康に関する本を出したり、メディアで発信し続けたりすることも僕のひとつの役割だと思っている。健康の情報格差をなくすことで、皆が長生きして、自由で楽しい未来をつくる助けになれば嬉しい。

情報を武器にする方法

究極の資産は「健康」。
予防医学の情報は誰にでも手に入るので、実行あるのみ。

39 クソ情報を脳に処理させるぐらいなら、即寝よう

「人の脳は、無意識のうちに働きすぎている」

そんな事実を、多くの専門家が指摘してくれている。産業医の大室正志先生もその1人で、現代を「脳高負荷時代」と呼んでいる。なんでも、現代人が1日に触れる情報量は江戸時代の1年分に相当するらしい。そんなデータを知ると「クソ情報なんかに目を留めている暇はない」、そう思えてくるはずだ。

そもそも、さまざまな媒体や個人が発信している情報の量は膨大すぎて、すべてを追いかけることなんて非現実的だ。そのうえ、フェイクニュースや詐欺

まがいの営業など、有害な情報も多く混ざっている。だから、目についた情報をまるで条件反射のように読み込んで、即座に共感したり、無暗に感情を揺さぶられたりしてはいけない。情報を読み込む前に、それが有益なものかクソなのか、しっかり判断をするべきだ。

もし、その情報がクソだったとき。僕なら注意喚起の意味も兼ねて「その情報がクソである」と世間に周知させようと試みることもある。

けれどもとりあえずは「スルーする」という姿勢を身につけることが大事だろう。「どんな情報もありがたがってしまう」という姿勢には、貧乏性的なメンタリティが潜んでいるかもしれないから、要注意だ。

よくも悪くも超情報化社会に生きる僕たちは、「情報をスルーする力」を身につけることが不可欠だ。それが、大事な脳をセーブする（労わる）ことにもつながる。

脳のセーブ術を覚えたら、次は「脳を積極的に休めること」も意識すべきだろう。

「脳は元来、慢性的な緊張状態に対応するようにはできていない」という説もある。だからこそ、1日1回、睡眠によって脳をうまく休めてリカバリーさせたい。

僕自身の経験からいっても、睡眠時間がだいたい6時間を切るとかなりつらい。中にはショートスリーパーと呼ばれる人もいるが、僕には考えられない。身近な存在では落合陽一くんが、それにあたるかもしれない。

だから、睡眠時間を削って仕事をしようと思ったことはない。そもそも、寝不足のときのコンディションを思い浮かべてみてほしい。判断能力は下がるわ、作業効率も下がるわで、メリットなんて何もない。

脳は睡眠中に、重要な記憶だけを選別して、脳の「長期記憶メモリー」に格納してくれる。睡眠不足だと、このような働きが当然鈍ってしまう。だから睡眠不足のときは、「何事もうまくはかどらない」という状況に陥ってしまったりするわけだ。

「インプットとアウトプットの質と量を、究極まで高めたい」といっている割に、いつも寝不足な人がいたりする。二言目には「眠たい」と繰り返す。とにかくまずは寝てほしい。脳をクリアにしてほしい。話はそれからだ。

眠くなるまでスマホを触り、くだらないネットニュースを見ているぐらいなら、一刻も早く脳を休ませて、有益な情報を溜められるようにコンディションを整えるべきだ。

ちなみに、僕は起業した当初から今まで、基本、午前中に打ち合わせを入れていない。僕は朝が苦手なのだ。午前中が「脳のゴールデンタイム」だという人は多いが、僕は違う。自分の脳が働かない時間に、打ち合わせはやらなくてよいし、やるべきではない。だから、午前中に意識的に情報を集めることはほとんどないといっていい。

情報を武器にする方法

現代人の脳は、常にオーバーワーク。大切な脳には大切な情報しか入れなくてよい。

40 情報リテラシーの低い相手を遠ざけろ

皆と同じように小学校、中学校、高校に通い、受験を経て大学に行き、皆と同じようなスーツを着て就職活動をして大企業に入ってサラリーマンになり、その後、結婚して家族を持ち、マイホームを買う……。

僕はこれまで一貫してそうした「世間の常識」を押しつける人に異を唱えてきた。

では、そうした世間の常識を押しつけてくるのは誰かというと僕の場合、田舎で暮らす情報リテラシー（情報レベル）の低い親である。僕だけでなく、そういう人は多いのではないか。

僕の親は「大企業に就職しろ」だの「ちゃんと結婚しろ」だのと、ずっと僕にまくしたててきた。だが、僕にとってはその親が強要してくる情報が害悪になることが多かった。

では、なぜ親は、そういうのかというと、テレビをはじめとした旧態依然としたメディアの嘘に毒されているからだ。

特にテレビが流している情報がすべて真実だと思い込んで、思考が短絡的になっている人は驚くほど多い。テレビほどではないかもしれないが、新聞や週刊誌も同様だ。

また、やはりネットには嘘やデマが多い。

僕も以前、「ジャッキー・チェンが死んだ」という情報がツイッターで出回っていて「本当かよ?」と思いつつも忙しくてそのままリツイートしたところ、友だちから「マネージャーに直接聞いたけど、ジャッキーは大丈夫」というメールが来たので訂正したら、それがまた短時間でバーッと広がった。

これは珍しい例かもしれないが、そのまま鵜呑みにしてしまってはいけない情報が「普通」に存在していることを忘れてはいけない。


こうした情報がなくなることはないだろう。では、どうすればいいのかというと、まずは、嘘情報を鵜呑みにしてしまう人を遠ざけるしかないのだ。

それがたとえ親であろうと同じことだ。実の親だからといって、何かの知見を得る相手として常にふさわしいとは限らない。もちろん、親子の情愛は大切にすればいい。

あとは、情報発信において信頼できる人を1人でも多く見つけるしかない。

これはリアルでもネットでも同じことだ。

「情報強者」を探して、自分も「情報強者」になるしかない。

情報強者は、情報弱者と違ってデマに踊らされることもないし、正確な情報を得やすく、正しい判断ができる。正しい情報も間違った情報も発信するのは人間だ。そうであれば、正しい情報を発信する人間とのつながりを持つようにするしかない。

先のジャッキー・チェンの例で僕はデマを流してしまったが、すぐに訂正ができた。それはジャッキー・チェンのマネージャーと直接連絡できる友人がいたからだ。つまり、リアルな友人やバーチャルな知人でも構わないが、所属しているコミュニティの質によって情報強者かどうかが決まる。

今はツイッターで誰をフォローしているかということも重要だ。それによって自分が情報社会のどこに属しているかということがわかるのだ。

情報強者になりたければ、質の低い情報を発信する人間とそれを信じ込む人を遠ざけ情報の感度を上げていくしかない。

情報を武器にする方法

情報リテラシーの低い人を遠ざけるだけで、自分の情報感度は上がる。

あとがきに代えて　「思い込みの罠」にはまってはいけない。

多くの人が「マイホーム」に夢を抱き、多くの人が「老後のために」といって長期の住宅ローンを組んで一戸建てやマンションを購入している。

だが、ローンを組んで住宅を購入することは、本当に老後のためになるのだろうか？　一般的な住宅ローンは最長で35年まで借入期間を延ばすことができるが、2019年の35年後といえば、2054年のことだ。

人工知能研究の世界的権威であり、著名な未来学者であるレイ・カーツワイルは、2029年には汎用人工知能が人類史上初めて人間よりも賢くなり、2045年には1000ドルのコンピュータの演算能力が一般的な人間の脳の100億倍に達し、人間の能力と社会が根底から変容するシンギュラリティ

（技術的特異点）を迎え、人間は機械と融合した「ポスト・ヒューマン」に進化すると予測している。

２０５４年といえば、シンギュラリティが達成されてから9年後のことである。

その頃、社会や人間はいったいどのようになっているだろうか。「アンドロイドになった自分が、せっせと住宅ローンを払っている姿」なんて想像できるだろうか？

今はローンが払えても、将来もそうだといい切れる保証はどこにもない。住宅ローンを組むという行為は自分に極めて高いリスクを課しているといわざるを得ない。

また、マイホームには余計なコストもかかる。銀行は慈善事業をしているのではなく、預金者から集めたお金を、金利を取って人や企業に貸し出し、利益を出している。

銀行が住宅ローンを扱っているのは、儲かるからだ。万が一、貸し倒れになったとしても銀行は抵当に取っている住宅を売ればある程度は回収できる。銀行にとって住宅ローンは、借り手に借金というリスクを負わせながら放っておいても35年もの長きにわたって利益を出し続けてくれるおいしい商品なのだ。

だから、そんなリスクは背負わず、銀行を余計に儲けさせないためにも住宅は購入せず、借りたほうがマシ、というのが僕の結論だ。

世間には「人は一人前になったら家族を持って住宅ローンで一戸建てを買う」的な常識がまかり通っているが、これまで述べたようにその背後には相当なリスクが潜んでいる。

ルールや常識に入り込む「リスク」を見抜けないと、思わぬしっぺ返しを食らうことになる。だから、何事も一度は疑ってみて本質が何なのかということを突き詰めて考えなければならないのだ。

なお、今の僕はマンションすら借りず、ホテル住まいで時々、知人の家に泊まっていて定宿は決めていない。荷物は服とスマホ、スーツケースくらいだ。

仕事はスマホさえあれば、どこでもできる。「働く」という概念もよくわからなくなってきた。

そういうと、「堀江さんだからできることでしょう」などといわれるかもしれないが、僕の考え方は、今、どんどん広まってきている。

たとえば、カーシェアリングが確実に普及している。個人で自動車を所有しても1年間の稼働率は4％程度というデータがある。1年でたった15日ほどだ。必要なときだけ借りたり、人とシェアしたりするほうが安上がりで合理的だ。

同じように今後は住宅のシェアもますます広がっていくだろう。今、Ａｉｒｂｎｂなどを利用して空き部屋を旅行者に貸し出したり、若者の一部でシェアハウスを利用したりすることが流行っているが、これが一般化していけば、居住スペースがあらゆる場所でシェアされるようになり、人が住むためだけに所有する建物という意味での「住宅」はなくなっていく方向にあるのではないかと思う。

本書の最後にこうした話をしたのは、このように、今ある常識や情報に凝り固まって自分の可能性を勝手に狭めることはないんだよ、ということを、改めて伝えておきたかったからである。

チャレンジしたいとき、本当にやりたいことが見つかったときに、あなたは自由に動いてみればいい。「常識」という声がうるさいかもしれないが、それは幻想の「情報」であることがほとんどだ。本書の冒頭で話したように、「思い込みの罠」に、いいようにはまってはいけない。

別に既存のレールの上を生きる人を否定しているわけではない。自分で納得して選んだ道ならいいと思う。

でも、その道を選ばない人にとって、別の道もあるよ、あなたにとってこっちのほうがラクだし向いているかもしれないよ、という未来があることをわかってほしい。

自分の可能性を狭めてしまう常識に価値はない。

誰かが勝手につくった既存のルールなんて守る必要はない。

自由に生きることが何より幸せな人生なのだから。

カバー・帯デザイン　FROG KING STUDIO
写真　柚木大介
プロデュース　中谷大祐（株式会社アディス）
企画協力　大里善行（株式会社アディス）
倉崎雄介（株式会社スタジオライン）
編集協力　山守麻衣
校正　東京出版サービスセンター
DTP　アレックス

堀江貴文《ほりえ・たかふみ》

1972年、福岡県生まれ。実業家。SNS media&consulting株式会社ファウンダー。現在、ロケットエンジンの開発を中心に、スマホアプリのプロデュース、有料メールマガジン「堀江貴文のブログでは言えない話」の配信、会員制コミュニケーションサロン「堀江貴文イノベーション大学校(HIU)」の運営、和牛ブランディング「WAGYUMAFIA」の活動、「ゼロ高等学院」の主宰など、幅広く活躍。主な著書に、『ゼロ』(ダイヤモンド社)、『本音で生きる』(SB新書)、『99%の会社はいらない』(ベスト新書)、『多動力』(幻冬舎)、『好きなことだけで生きていく。』『自分のことだけ考える。』(以上、ポプラ新書)など、共著に『10年後の仕事図鑑』(SBクリエイティブ)、『バカとつき合うな』(徳間書店)など多数。

ポプラ新書
169
お金や人脈、学歴はいらない!
情報だけ武器にしろ。
2019年3月27日 第1刷発行

著者
堀江貴文
発行者
長谷川 均
編集
村上峻亮
発行所
株式会社 ポプラ社
〒102-8519 東京都千代田区麹町4-2-6
電話 03-5877-8109(営業) 03-5877-8112(編集)
一般書事業局ホームページ www.webasta.jp
ブックデザイン
鈴木成一デザイン室
印刷・製本
図書印刷株式会社

N.D.C.159/206P/18cm ISBN978-4-591-16263-7

P8201169

生きるとは共に未来を語ること　共に希望を語ること

昭和二十二年、ポプラ社は、戦後の荒廃した東京の焼け跡を目のあたりにし、次の世代の日本を創るべき子どもたちが、ポプラ(白楊)の樹のように、まっすぐにすくすくと成長することを願って、児童図書専門出版社として創業いたしました。

創業以来、すでに六十六年の歳月が経ち、何人たりとも予測できない不透明な世界が出現してしまいました。

この未曾有の混迷と閉塞感におおいつくされた日本の現状を鑑みるにつけ、私どもは出版人としていかなる国家像、いかなる日本人像、そしてグローバル化しボーダレス化した世界的状況の裡で、いかなる人類像を創造しなければならないかという、大命題に応えるべく、強靭な志をもち、共に未来を語り共に希望を語りあえる状況を創ることこそ、私どもに課せられた最大の使命だと考えます。

ポプラ社は創業の原点にもどり、人々がすこやかにすくすくと、生きる喜びを感じられる世界を実現させることに希いと祈りをこめて、ここにポプラ新書を創刊するものです。

未来への挑戦！

平成二十五年　九月吉日　　株式会社ポプラ社